Deepak Chopra

# Bewusst glücklich

## Das neue Handbuch zum erfüllten Leben

Aus dem Amerikanischen übersetzt von
Wulfing von Rohr



Ullstein

Besuchen Sie uns im Internet:
www.ullstein-taschenbuch.de

Allegria im Ullstein Taschenbuch
Herausgegeben von Michael Görden

Aus dem Amerikanischen übersetzt von Wulfing von Rohr
Die Originalausgabe:
POWER, FREEDOM AND GRACE
erschien 2006 beim Verlag Amber-Allen Publishing
Inc., San Rafael, California, USA

Umwelthinweis:
Dieses Buch wurde auf chlor- und säurefreiem Papier gedruckt.

Ullstein Taschenbuch ist ein Verlag der Ullstein Buchverlage GmbH, Berlin.
Neuausgabe im Ullstein Taschenbuch
1. Auflage Oktober 2008

Umschlaggestaltung: FranklDesign, München
Titelabbildung: Ateet Frankl
Gesetzt aus der Garamond
Satz: te*ha
Druck und Bindearbeiten: GGP Media GmbH, Pößneck
Printed in Germany
ISBN 978-3-548-74434-6

# Inhalt

## Widmung

*Dem unsterblichen Sein in uns allen.*

Danksagung

Janet Mills bin ich aus ganzem Herzen dankbar dafür,
dass sie alle Jahre hindurch das Wesen und den Kern
meiner Vorträge so sorgfältig aufgezeichnet
und aufbewahrt und mir geholfen hat,
dieses Manuskript zur Vollendung gelangen zu lassen.

*Verwechsle das Instrument nicht*
*mit dem Benutzer des Instruments.*

*Das Gehirn ist das Instrument;*
*der Benutzer des Instruments ist das unendliche Sein,*
*das sich in unterschiedlichen Verkleidungen*
*zum Ausdruck bringt.*

# Teil I

## Das Problem

*Wir wissen nicht, wer wir sind*

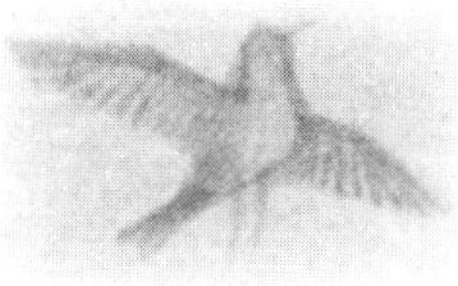

• 1 •

# Was möchte ich?

*Glücklich sein:*
*Ein Gefühl großen Vergnügens, Zufriedenheit oder Freude*

Es gibt einen Grund, warum Sie von diesem Buch angezogen wurden. Vielleicht sendet Ihre Seele Ihnen eine Einladung – eine Einladung, mit dem tiefsten Teil Ihrer selbst in Berührung zu kommen. Ihr tiefstes Selbst, Ihr eigentliches Wesen, ist die Quelle allen Seins – das Feld reinen Bewusstseins, das sich als die unendliche Vielfalt des Universums manifestiert. Macht, Freiheit und Gnade sind Eigenschaften dieses Feldes, ebenso wie Glück, Freude und Seligkeit.

Im Verlauf meiner Arbeit sind Tausende von Menschen mit den unterschiedlichsten Problemen und Herausforderungen in ihrem Leben zu mir gekommen. Meine berufliche Laufbahn begann als Arzt und am Anfang hatten die meisten Menschen, denen ich begegnete, irgendeine Form von Krankheit, zum Beispiel Herzbeschwerden oder Krebs.

Eines Tages saß ich mit einem Patienten zusammen, der unter Herzanfällen litt, und fragte ihn aus einem Impuls heraus: „Warum möchtest du gesund werden?"

Sein Blick sagte „Das ist ja eine alberne Frage!". Er antwortete mir jedoch: „Möchte nicht jeder, der krank ist, wieder gesund werden?"

„Ja," sagte ich, „aber warum willst *du* gesund werden?"

Er antwortete: „Wenn ich gesund werde, kann ich wieder arbeiten und mehr Geld verdienen."

Aus irgendeinem Grund beharrte ich darauf, ihn immer weiter nach dem *Warum* zu fragen. „Warum willst du mehr Geld verdienen?"

Er fand das offensichtlich ganz amüsant, ließ sich auf dieses Fragespiel ein und sagte: „Weil ich meinen Sohn auf eine gute Uni schicken möchte."

Ich fragte nach, warum er seinen Sohn auf eine gute Universität schicken wolle.

Er sagte: „Ich möchte, dass mein Sohn eine gute Ausbildung erhält, damit er erfolgreich Karriere macht."

Ich fragte ihn immer weiter *Warum, Warum, Warum ...* Am Ende antwortete er: „Weil ich glücklich sein möchte."

Seit diesem Tag habe ich dieses Fragespiel nicht nur mit kranken Patienten gespielt, die gesund werden wollten, sondern mit jedem, der etwas will. Sie können das selbst ausprobieren. Fragen Sie Menschen, was sie möchten, und wenn sie Ihnen dann sagen, was sie wollen, fragen Sie weiter nach dem Warum, bis Sie schließlich die letzte und innerste Antwort hören: „Weil ich glücklich sein möchte."

Glück ist anscheinend das Ziel hinter allen anderen Zielen. Doch suchen die meisten Menschen Glück auf Umwegen. Wir haben materielle Ziele; zum Beispiel wollen wir ein schöneres Haus, ein besseres Auto oder irgendwelche Luxusdinge. Wir haben Ziele, die mit Beziehungen zu tun haben. Wir wollen uns sicher und zuhause fühlen, wir möchten spüren, das wir angenommen werden und dazugehören. Wir möchten uns gern frei und kreativ zum Ausdruck bringen. Manche von uns wollen Reichtum oder Macht, andere streben nach Ruhm. Wenn Sie jedoch Menschen fragen, warum sie alle diese Dinge suchen, bleibt die letzte Antwort immer dieselbe: Sie glauben, erst wenn sie alle diese Dinge erlangt haben, werden sie glücklich sein.

Als ich so mit den Menschen sprach, fing ich an, eine Idee zu entwickeln. Warum sollte ich nicht Glück zum obersten Ziel machen? *Warum sollte man Glück immer auf Umwegen anstreben, sozusagen aus zweiter Hand bekommen?*

Und ich entdeckte etwas, das noch viel interessanter war: Wenn wir Glück zu unserem Hauptziel machen, wenn wir Glück die primäre, die erste Rolle spielen lassen anstatt es als ein sekundäres, zweitrangiges Ziel zu verfolgen, dann können wir all das andere, das wir möchten, ganz leicht leisten, vollbringen und erlangen.

Viele spirituelle Traditionen stellen fest, dass alles zu Ihnen kommt, wenn Sie nur das Höchste zuerst suchen. Christus sagt im Neuen Testament zum Beispiel: „Suchet erst nach dem Reiche Gottes, dann wird euch alles andere dazugegeben." Das Reich Gottes ist kein weit entfernter Ort in irgendeinem verlassenen Winkel des Universums, sondern ein Bewusstseinszustand. Dasselbe gilt für das Glück.

Die meisten Menschen sagen: „Ich bin glücklich, *weil* ... weil ich eine Familie und Freunde habe, weil ich einer super Job habe, weil ich Geld und materielle Sicherheit besitze." All diese Begründungen für Glück sind ziemlich dürftig, denn diese Dinge kommen und gehen wie eine Sommerbrise. Wenn sich das Glück uns entzieht, suchen wir Genüsse mit Hilfe suchtbestimmter Verhaltensweisen, in der unterbewussten Hoffnung, dass wir so Freude finden werden.

Äußerliche Ursachen für Glücksempfinden erzeugen jedoch nie wahre Freude. Freude ist ein innerlicher Bewusstseinszustand, der bestimmt, wie wir die

Welt wahrnehmen und erleben. Die innere Quelle von Freude – unsere Verbindung mit unserem Schöpfer, unsere Quelle, unser innerstes Selbst – ist die Ursache, während Glück deren Folge und Wirkung darstellt.

Wenn Sie die Verbindung mit Ihrer inneren Quelle der Freude verloren haben, wenn das Glück, das Sie erfahren, sich immer aus äußeren Situationen ergibt, dann sind Sie den Umständen und jedem Fremden, den Sie treffen, völlig ausgeliefert. Diese Art von Glück wird immer sehr flüchtig bleiben.

Vedanta ist eine der ältesten Philosophien der Welt.* Vedanta teilt uns mit, dass Glück, das auf einer bestimmten Ursache beruht, nur eine andere Form von Leid darstellt, weil uns diese Sache ja jederzeit fortgenommen werden könne. Wir sollten nach dem Glück suchen, das Seligkeit ohne jeden Grund und jede Ursache erfahren lässt.

Glücklich zu sein ist ein Bewusstseinszustand, der schon in uns existiert, aber häufig von allen möglichen Ablenkungen und Zerstreuungen verdeckt wird. So wie ein herrlicher Sonnenaufgang vielleicht hinter Wolken versteckt ist, so bleibt auch unsere innere Glückseligkeit unter unseren Alltagsorgen und all unseren täglichen Angelegenheiten verborgen. Die gesellschaftliche Konditionierung und die Begrenzungen

* Vedanta: Altindische spirituelle Philosophie; siehe auch nähere Erläuterung des Autors im Anhang. (Anm.d.Ü.)

der bewussten Wahrnehmung verhindern, dass wir einen Blick auf dieses Himmelreich werfen, das in den Tiefen unseres Herzens versteckt liegt. Wir können uns jedoch sehr wohl über die Wolken der Konditionierung erheben und die Quelle der Freude tief in unserem Inneren wiederentdecken. Wenn wir diese Freude finden, fangen herrliche und wundersame Dinge an, sich zu ereignen. Wenn Glück in uns und durch uns einen Ausdruck findet, dann stellt sich dabei das Gefühl einer Verbindung mit der schöpferischen Kraft des Universums ein. Und wenn wir diese Verbindung erst einmal haben, dann spüren wir, dass uns nichts davon abhalten kann, das zu erreichen, was wir uns wünschen.

Wenn unser Leben ein Ausdruck des inneren Zustands von Glück ist, so entdecken wir in uns ein riesiges Reservoir an Kraft und Macht*. Diese Macht befreit uns von Angst und Begrenzungen und gestattet uns, dass wir die gesamte Fülle dessen erkennen und verwirklichen, was wir anstreben. Noch wichtiger ist: Diese Macht fördert alle unsere Beziehungen und macht sie wahrhaft erfüllend. Wir stellen fest, dass wir zu Strahlen des Lichts und der Liebe werden und dass bereits unsere Gegenwart die Umgebung nährt, in der wir sind. Menschen fühlen sich angezogen, unsere

* Macht ist in der deutschen Sprache leider historisch eher negativ besetzt. Im spirituellen Sinn ist Macht jedoch völlig neutral bzw. positiv. (Anm.d.Ü.)

Vorhaben und Wünsche zu unterstützen, und sogar die Natur geht auf unsere Absichten ein.

Je mehr wir im Zustand der Glückseligkeit leben, desto häufiger und intensiver erfahren wir die spontane Erfüllung von Wünschen in Form von Synchronizitäten und bedeutungsvollen „Zufällen". In vielen spirituellen Traditionen spricht man dann von einem Zustand der Gnade. Gnade zu erleben heißt, sich zur rechten Zeit am richtigen Ort zu befinden, die Unterstützung der Naturgesetze auf seiner Seite zu haben oder einfach „Glück zu haben". Im Zustand der Gnade scheint es so, als ob der universelle oder kosmische Geist unsere Gedanken belauscht und unsere Wünsche und Pläne schon wahr werden lässt, während wir sie gerade erst haben.

Das ist aber noch nicht alles. Zwar ist Glück das Ziel aller anderen Ziele, aber in Wahrheit wollen wir sogar noch mehr als Glück erlangen, nämlich das Mysterium unseres eigenen Seins verstehen. Bis wir unsere eigene Existenz verstehen, werden wir – gleich, wie viele unserer Wünsche sich auch erfüllen mögen – unzufrieden bleiben, weil eine innere Stimme immer weiter in uns bohrt.

Diese Stimme fragt: *Wer bin ich? Woher komme ich? Was ist der Sinn und Zweck meines Lebens? Wohin gehe ich, wenn ich sterbe?*

Die Antworten auf diese Fragen kann uns keiner geben. Wenn wir die Antworten unserer Eltern übernehmen, unserer Kulturen oder religiösen Traditionen, dann erlernen wir alles mit blindem Glauben. Wenn wir selbst etwas nicht sicher wissen, sondern nur darauf hoffen, es mögen wahr sein, dann glauben wir es, weil die Autoritätsfiguren uns aufgetragen haben, es zu glauben. Diese Art von Glauben ist eine Strategie, um unsere Unsicherheit zu verstecken und wirkt heutzutage doch recht naiv.

Die Naturwissenschaften haben uns ein großes Verständnis der Naturgesetze und ihrer Wirkungsweise gegeben. Wir müssen an Elektrizität nicht glauben; wir sehen ihre Wirkung in der hell leuchtenden Glühbirne. Wir müssen auch an andere Naturkräfte nicht glauben, wie zum Beispiel die Schwerkraft. Wir wissen, dass Schwerkraft existiert, weil wir sie erleben können. So ist es auch mit der Seele und dem Leben nach dem Tode: Falls die Seele existiert, falls es ein Weiterleben gibt, dann ist es nicht notwendig, daran nur zu glauben. Wir brauchen keinen Glauben, sondern wir brauchen Verstehen und wir brauchen eigene Erfahrung. Warum sollten wir auch Antworten auf die tiefsten Fragen unserer Existenz nur auf guten Glauben hin suchen? Gibt es denn keinen Weg und keine Möglichkeit, diese selbst herauszufinden?

Gibt es Mittel und Wege, die wir anwenden und beschreiten können, um uns selbst zu erforschen und zu verstehen, damit wir ein unmittelbares Begreifen und Verstehen des tiefen Geheimnisses unserer Existenz erlangen? Ist es auch möglich, dass ein solches Verständnis unser rationales Denken zufrieden stellt und dem entspricht, was wir von der modernen Naturwissenschaft oder Kosmologie über das Universum wissen?

Meine Absicht ist, dass Sie, während Sie dieses Buch lesen, das wiederentdecken, was Sie selbst bereits auf einer tiefen Ebene wissen und kennen und dass Sie durch diesen Vorgang der Erinnerung ein großes Staunen erleben, dass Sie ungebundene Liebe erleben und tiefe Demut. Das innere Selbst jedes Menschen wartet geduldig darauf, bis wir dazu bereit sind. Dann sendet es eine Einladung an uns, in das leuchtende Mysterium des Seins einzutreten, in dem alle Dinge erschaffen, genährt und erneuert werden. In der Gegenwart dieses Mysteriums heilen wir nicht nur uns selbst, sondern wir heilen die Welt.

Es kann in unserem Leben keine wichtigere Aufgabe geben als die, in Berührung mit unserem inneren Selbst zu gelangen, mit der Quelle allen Seins und aller Wesen. Das tiefste Selbst in jedem von uns *ist* das SELBST des gesamten Universums und zugleich die Quelle aller Heilung und Wandlung.

Die Welt hat auf unsere Transformation gewartet, weil auch sie gewandelt werden will und muss. Wenn wir transformiert werden, wird die Welt transformiert – weil wir und die Welt eins sind.

Lassen Sie uns jetzt mit dieser Reise beginnen.

## SCHLÜSSELGEDANKEN

- Glücklich zu sein ist das Ziel aller Ziele; es ist ein Bewusstseinszustand, der in Ihnen bereits existiert.

- Glücklich zu sein aufgrund einer bestimmte Sache oder Situation ist eine Form von Leid, weil die Ursache für das Glück jederzeit wieder verschwinden kann. Ohne Grund glücklich zu sein ist das Glück, das wir erstreben sollten.

- Wenn Ihr Leben ein Ausdruck Ihrer inneren Glückseligkeit ist, dann haben Sie ein Gefühl der Verbindung mit der schöpferischen Kraft des Universums. Wenn Sie diese Verbindung spüren, dann wissen Sie, dass Sie alles vollbringen können, was Sie möchten.

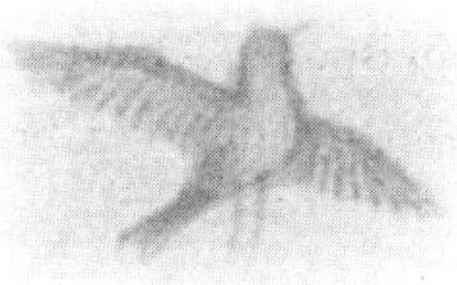

• 2 •

# Wer bin ich?

*Uni-vers-um:*
*Ein Lied, ein Vers; die Ganzheit aller Dinge, die sind.*

Den Lehren des Vedanta zufolge gibt es nur fünf Ursachen, warum Menschen leiden:

– Der erste Grund ist, dass wir nicht wissen, wer wir sind.
– Der zweite besteht darin, dass wir uns mit unserem Ego bzw. Ich-Bild identifizieren.
– Die dritte Ursache ist, dass wir uns an das klammern, was vergänglich und unwirklich ist.
– Die vierte ist, dass wir in Furcht vor dem erschaudern, was vergänglich und unwirklich ist.
– Der fünfte Grund ist die Angst vor dem Tod.

Vedanta sagt auch, dass die fünf Ursachen des Leidens alle im ersten Grund enthalten sind – nämlich der Tatsache, nicht zu wissen, wer wir sind. Wenn wir diese grundlegende Frage beantworten können, *„Wer bin ich?"*, können wir die Antworten auf alle verwandten Fragen entdecken, wie: Woher komme ich? Was ist der Sinn und Zweck meines Lebens? Wohin gehe ich, wenn ich sterbe?

Wenn jemand Sie nun fragt „Wer sind Sie?", würden Sie wahrscheinlich antworten mit „O, ich heiße So-und-so. Ich bin Amerikaner," oder „Ich bin Deutscher," oder „Ich bin in dieser und jener Firma tätig." Solche Antworten beziehen sich auf Ihr Selbstbild oder auf eine Sache außerhalb Ihrer selbst – einen Namen, einen Ort, einen Lebensumstand. Dieser Vorgang, sich mit seinem eigenen Selbstbild oder mit Objekten aus der eigenen Erfahrungswelt zu identifizieren, wird *Objekt-Bezug* genannt.

Sie können sich auch mit Ihrem Körper identifizieren und sagen: „Das ist mein Körper. Dieser Sack von Fleisch und Knochen ist es, was ich bin." Dann erhebt sich die Frage: *Was ist der Körper* und *Warum nennen Sie ihn Ihren?* Der Körper, den Sie Ihren eigenen nennen, ist in Wahrheit der Rohstoff des Universums: wieder aufbereitete Erde, Wasser und Luft. Das trifft auch auf den Baum da draußen vor Ihrem Fenster zu.

Warum nennen Sie den Körper *Ihren* Körper, wenn Sie die Sterne, den Mond oder den Baum vor dem Fenster nicht als Ihre eigenen betrachten? Natürlich scheint Ihnen Ihr Körper näher zu sein. Aber in dieser Ansicht steckt die stillschweigende Annahme, dass Sie wüssten, wo dieses „Ich bin“ physisch lokalisiert werden kann, das Sie für Ihr Ich-Sein halten.

Viele Menschen meinen, dass dieses „Ich“, als das Sie sich selbst benennen, dass sich diese von Haut umschlossene Bewusstheit irgendwo in Ihrem Kopf befindet. Andere denken, dass sie irgendwo hinter dem Herzen oder am Solarplexus steckt. Jedoch hat kein einziges wissenschaftliches Experiment jemals ein Bewusstseinszentrum an irgendeinem spezifischen Ort in Raum oder Zeit gefunden!

Eine sehr interessante Einsicht bringt uns sowohl die vedische Forschung als auch die jüdische Kabbala: Das Zentrum unserer Bewusstheit ist das Zentrum des gesamten Raums und aller Zeit. Dieses Zentrum ist überall und zugleich nirgendwo. Aber nehmen wir für den Augenblick einmal an, dass Ihre Bewusstheit tatsächlich an dem Platz lokalisiert sei, an dem Sie sich im Moment körperlich befinden. Wenn dieses Universum eine unendliche Ausdehnung besitzt – und das ist genau, was uns die Physiker versichern –, dann erstreckt sich die Unendlichkeit in alle Richtungen von dem Ort aus, an dem Sie sind. Sie sind im Mittelpunkt des Universums, aber ich auch, weil sich die Unendlichkeit auch von meinem Platz aus in alle Richtungen ausdehnt. Die Unendlichkeit erstreckt sich von einer Person in China, einem Hund in Sibirien und einem Baum in Afrika.

Die Wahrheit ist: Ich bin hier, aber ich bin auch überall sonst, weil *hier* von jedem anderen Punkt im Raum aus betrachtet *dort* ist. Sie sind *dort*, aber Sie sind ebenfalls überall sonst, weil *dort* überall woanders ist bzw. nirgendwo speziell.

Mit anderen Worten ist die Lage eines Ortes im Raum immer eine Sache der Wahrnehmung. Wenn wir sagen, dass der Mond uns nahe und die Sonne weit entfernt ist, dann stimmt das nur von einem bestimmten Standpunkt aus. In Wirklichkeit gibt es kein oben oder unten, Norden oder Süden, Osten oder Westen, hier oder dort. Dies sind lediglich Bezugspunkte, die unseren Bedürfnissen und unserer Bequemlichkeit entgegen kommen. Im Universum ist alles ohne festen Ort, ist nichts an einem einzigen Punkt lokalisierbar. Das heißt, dass wir nichts auf hier, dort oder irgendwo eingrenzen können.

Meine Augen sagen mir jedoch, dass das gar nicht stimmt. Ich bin hier und Sie sind dort. Vielleicht sollten wir unseren Augen nicht allzu sehr trauen. Meine Augen sagen mir, dass die Erde flach ist, aber das glaubt heute schon kein Mensch mehr. Meine Sinneserfahrung vermittelt mir, dass die Erde, auf der ich stehe, unbeweglich und fest ist, dass sie stationär ist, aber ich weiß aus der Naturwissenschaft, dass sich die Erde um ihre eigenen Sachse dreht und mit mehr als eintausendfünfhundert Kilometern pro Stunde durch das Weltall saust. Meine Sinneserfahrung vermittelt mir, dass die Objekte, die ich wahrnehme, feste Stoffe sind, aber auch das stimmt nicht. Wir wissen inzwischen, dass Dinge aus Atomen bestehen, die wiederum aus subatomaren Teilchen bestehen, die durch riesige leere Räume wirbeln.

Die Erfahrung einer materiellen Welt ist ein Aberglaube, den wir entwickelt haben, weil wir uns auf unsere Sinne und deren Wahrnehmung verlassen. In Wahrheit ist das Universum eine chaotische Energiesuppe. Wir nehmen diese Energiesuppe über unsere fünf Sinne auf und speichern diese Sinneswahrnehmungen in unserem Bewusstsein als eine vermeintliche materielle Wirklichkeit. Unsere Sinne transformieren masselose Energie zu Klang und Schwingung, Form und Stofflichkeit, Beschaffenheit und Farbe, Duft und Geschmack.

Unsere Interpretation dieser Energiesuppe formt unsere Realität und erzeugt eine Wahrnehmungserfahrung. Die meiste Zeit machen wir das unbewusst als Folge von gesellschaftlicher Konditionierung. Philosophen haben das als *Hypnose durch soziale Konditionierung* bezeichnet. Wenn wir in dieser Hypnose leben, dann vertrauen wir dem *Aberglauben des Materialismus.*

Der Aberglaube des Materialismus beruht auf Sinneserfahrungen als entscheidendem Kriterium für Wirklichkeit. In dieser Weltanschauung ist Realität das, was wir mit den Augen sehen, mit den Ohren hören, mit der Nase riechen, mit dem Mund schmecken und mit den Händen berühren können. Wenn unseren Sinnen keine Energie oder Information zufließt, meinen wir gern, dass es sie gar nicht gäbe. Der Verstand, der auf der Grundlage eines linguistisch strukturierten Systems von Logik funktioniert, dient der Rechtfertigung dieser irrtümlichen Wahrnehmung von Wirklichkeit.

Sinneswahrnehmung ist völlig trügerisch; sie ist so flüchtig wie eine Fantasie oder ein Traum. Gibt es tatsächlich so etwas wie die Farbe Rot? Jede Farbe, die Sie sehen, ist eine bestimmte Wellenlänge von Licht, und das Licht, das Sie wahrnehmen können, ist ein Bruchteil dessen, was existiert. Wie lange können Sie sich an eine Welt der Illusionen klammern? Sie denken vielleicht, dass Sie der Körper sind, den Ihre Sinne in Raum und Zeit lokalisieren können. Der Körper ist jedoch ein Feld unsichtbarer Schwingungen, die keinerlei Grenzen von Raum und Zeit kennen.

Sie sind also vermutlich weder das Bild, mit dem Sie sich identifizieren, und Sie sind vielleicht auch nicht der Körper. Dann müssen Sie doch wenigstens Ihre Gedanken und Gefühle sein. Wer aber könnte ehrlicherweise in Anspruch nehmen zu wissen, woher Gedanken und Gefühle kommen? Woher kommen sie eigentlich und wohin verschwinden sie wieder?

Wenn Sie die Gegenstände Ihrer eigenen Erfahrungen nicht ganz Ihr eigen nennen können, auch nicht Ihren Körper und noch nicht einmal Ihre Gedanken und Gefühle – was können Sie denn dann eigentlich exklusiv für sich beanspruchen? Bei der Antwort darauf hilft uns das Wissen des Vedanta. Wenn Sie den Begriff *exklusiv* mit dem Wort *inklusiv* ersetzen, dann sind Sie nicht *nur* diese Gegenstände, nicht *nur* dieser Körper, nicht *nur* diese Gedanken und Gefühle. Sie sind *alle* Dinge, Sie sind *alle* Körper, Sie sind alle Gedanken und Gefühle. Sie sind ein Feld aller Möglichkeiten.

Ihr wesentlicher Kern, Ihre wahre Essenz, ist ein Feld von Bewusstheit, das mit seinem eigenen Selbst interagiert und sich im Austausch damit befindet, und daraus sowohl zu Geist wie Körper wird. Anders gesagt: Sie sind Bewusstsein oder Spirit*, der empfängt, aufbaut, bestimmt und schließlich zum Geist und zum Körper wird. Ihr wahres Selbst ist untrennbar mit der Intelligenz verbunden, die jede Faser der Schöpfung durchdringt.

Auf der tiefsten Ebene der Existenz sind Sie Sein, und als solches sind Sie gleichzeitig nirgendwo und überall. Es gibt kein anderes „Sie selbst" als den gesamten Kosmos. Der kosmische Geist erschafft das physikalische Universum, und der personale Geist erfährt das physikalische Universum.

In Wahrheit werden jedoch sowohl der kosmische Geist als auch der personale Geist vom unendlichen Bewusstsein durchdrungen. Unendliches Bewusstsein

---

* Der englische Begriff „Spirit" wird an passender Stelle auch im Deutschen als Spirit wiedergegeben, da er auch bei uns als eine überkonfessionelle Bezeichnung für die innerste bzw. höchste geistige Schöpferkraft bereits vielfach verwendet wird. (Anm.d.Ü.)

ist unsere Quelle, und alle ihre Manifestationen sind in dieser Quelle enthalten.

Unendliches Bewusstsein, das sich selbst beobachtet, erzeugt die Annahme, es gäbe einen Beobachter, die Seele; des weiteren den Vorgang der Beobachtung, den Geist; und schließlich das, was beobachtet wird, den Körper und die Welt. Der Beobachter und das, was beobachtet wird, erschaffen Beziehungen zwischen sich, das ist der Raum. Die Bewegung dieser Beziehungen erzeugt Ereignisse, das ist die Zeit. Und dennoch sind sie alle nichts anderes als das unendliche Bewusstsein selbst.

Anders gesagt: Wir sind unendliches Bewusstsein mit einem Standpunkt, der sich auf einen Ort bezieht, der sich lokalisiert. Und doch trennt unser gesamtes Denksystem den Beobachter von dem, was er beobachtet; es spaltet das unbegrenzte Bewusstsein in eine Welt von Objekten auf, die durch Raum und Zeit voneinander getrennt sind. Der Verstand hält uns in einem Käfig fiktiver Bilder gefangen, in einem erdrückenden und erstickenden Netz von Raum, Zeit und Verursachung. Als Folge verlieren wir den Kontakt zur wahren Natur unserer Wirklichkeit, die machtvoll, grenzenlos, unsterblich und frei ist.

Wir alle sind Gefangene des Intellekts. Der Fehler des Intellekts, um ihn in einem einzigen Satz auszudrücken, ist dieser: Er hält das *Bild* von der Wirklichkeit für die Wirklichkeit selbst. Er presst die Seele in das

Volumen des Körpers hinein, in die Spanne eines Körperlebens, und so wird der Bannfluch der Sterblichkeit auf uns geworfen. Das *Bild* des Selbst überschattet das unbegrenzte SELBST und wir fühlen uns vom unendlichen Bewusstsein, von unserer Quelle, abgeschnitten oder abgetrennt. Damit fängt Angst an, das ist der Beginn von Leiden und aller Probleme, die wir Menschen erfahren. Das geht von unseren kleinen Unsicherheiten bis zu unseren großen Katastrophen wie Krieg oder Terrorismus und all den anderen Akten der menschlichen Erniedrigung. Für jemanden, der im Gefängnis des Intellekts eingesperrt ist, ist das gesamte Leben nur Leiden. Die Ursache dieses Leidens können wir jedoch vermeiden. Unwissen über unser wahres Wesen führt dazu, dass das innere Selbst verdunkelt wird. Wenn diese Ignoranz jedoch aufgelöst wird, dann offenbart sich die mächtige, grenzenlose Natur unseres inneren Selbst.

Das klingt zunächst vielleicht merkwürdig und auch abstrakt, aber wenn Sie sich darauf einlassen, diese Sichtweise weiter zu erkunden und zu verstehen, machen Sie ein höchst dramatische Entdeckung: Ihr wahres Selbst ist unstofflich, es ist nicht an die Materie gebunden, und deshalb ist es auch den Begrenzungen von Raum, Zeit, Materie und dem Gesetz von Ursache und Wirkung nicht unterworfen. Die Seele, der Spirit, das essenzielle Selbst, geht darüber weit hinaus. Gerade jetzt sind Sie von einem Feld reinen Bewusstseins umgeben. Reines Bewusstsein erleuchtet und belebt

Ihren Geist und Ihren Körper; es ist mächtig, nährend, unbesiegbar, ungebunden und frei. Reines Bewusstsein, der ewige Spirit, gibt allem Leben, das existiert. Das bedeutet, dass dieses reine Bewusstsein allwissend ist, allgegenwärtig und allmächtig.

Wenn Sie das nun nicht völlig verstehen, machen Sie sich nichts daraus. In den folgenden Kapiteln werden wir uns mit den unterschiedlichen Ausdrucksformen des Spirits näher beschäftigen, mit dem inneren Selbst, mit der Quelle all dessen, was ist. Wenn Sie diese Seiten dann lesen, werden Sie besser verstehen, wer Sie wirklich sind. Wenn Sie das erst einmal richtig verstanden und in sich aufgenommen, wird Ihr Leben ganz auf Freude gegründet sein. Sie werden nicht nur die Macht haben, alles zu erreichen, was Sie möchten, sondern Sie werden auch echte Freiheit haben und Gnade in Ihrem Leben erfahren. Das bedeutet, dass Sie niemals Angst erleben, noch nicht einmal mehr die Angst vor dem Tode.

## Schlüsselgedanken

- Sie sind ein Feld von Bewusstheit. Ihr wahres Wesen ist reines Bewusstsein oder Spirit, aus dem sowohl der Geist bzw. der Verstand als auch der Körper entstehen bzw. gebildet werden.

- Der Intellekt, der Verstand, hält irrtümlich das Bild von der Wirklichkeit für die Wirklichkeit selbst; dieses Bild überschattet Ihr wahres Sein.

- Wenn Sie sich mit Ihrem wahren Wesen, mit Ihrer Essenz identifizieren, entfliehen Sie dem Gefängnis des Intellekts und treten in die Welt des Unendlichen, Ungebundenen und Freien ein.

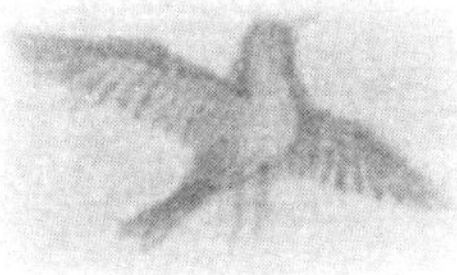

• 3 •

# Warum vergesse ich, wer ich bin?

*Aberglaube:*
*Ein Glaubensmuster, das auf Angst oder Unwissen über die Gesetze der Natur beruht.*

Was ist dieses Ding, das wir unseren Körper nennen, eigentlich? Was ist eigentlich diese Sache, die wir unseren Geist nennen? Wir werden feststellen, dass unsere traditionellen Ideen über *Körper* und *Geist* auf überholten Ansichten oder Aberglauben beruhen, an die zu glauben wir gelernt haben. Sinneswahrnehmung und gesellschaftliche Konditionierung führen dazu, dass wir vergessen, wer wir sind. Im Hinblick auf den Körper existiert eine tiefere Wirklichkeit; in Bezug auf den Geist gibt es eine tiefere Realität. Diese tiefere

Realität möchten wir erfahren, erleben – denn aus dieser Wirklichkeit entstammen sowohl der Körper als auch der Geist.

Die Quantenphysik teilt uns mit, dass die Welt aus einem grundlegenden und alles durchdringenden Feld von Intelligenz besteht, das sich als die unendliche Vielfalt des Universums manifestiert. Dieses Feld von Intelligenz ist der Geist, wenn es subjektiv erlebt wird; dasselbe Feld ist die Welt der materiellen Dinge, wenn es objektiv erfahren wird. Geist und Materie sind keine getrennten Wesenheiten, sondern vielmehr vom Wesen her dasselbe. Unser grundlegendes Wesen und Sein ist, wenn es von den oberflächlichen Schichten von Geist und Materie gelöst wird, weder Geist noch Materie, sondern die Quelle von beiden.

Anders gesagt: Der menschliche Körper ist gleichzeitig der menschliche Geist. Wir sind tatsächlich ein „Körper-Geist"*; wir können die beiden nicht voneinander trennen. Genauso wenig wie wir den Geist und das Bewusstsein auf das Gehirn oder sogar auf den Körper begrenzen können, da sich Geist und Bewusstsein über unseren Körper hinaus in das gesamte Universum erstreckt.

---

* Im englischen Original: „We are actually a body-mind"; der vom Autor so gewählte Begriff „Körper-Geist" wird in der Folge im Buch ohne weitere Kennzeichnung als Eigenwort verwendet. (Anm.d.Ü.)

Der Aberglaube des Materialismus meint, dass der menschliche Körper ein fester Klumpen von Materie sei, der von anderen Objekten in Raum und Zeit getrennt ist. „Feste“ Objekte sind jedoch keineswegs fest, noch sind sie in Raum und Zeit voneinander getrennt. Objekte sind Brennpunkte oder konzentrierte Intelligenz innerhalb des Feldes von Intelligenz. Auf den fundamentalen Ebenen der Natur existieren keine exakten Abgrenzungen zwischen unserem persönlichen Körper und dem des Universums. Wenn wir das erkennen und aufnehmen, befreien wir uns von der Halluzination eines getrennten Selbst, das in einem getrennten Körper lebt.

Wenn wir den Körper mit den Augen eines Physikers betrachten könnten, so wie er *wirklich* ist, dann sähen wir eine riesige Leere, in welcher einige wenige Punkte verstreut sind und in der unregelmäßige und zufällige elektrische Entladungen stattfinden. Der Körper besteht aus Atomen, die wiederum aus Teilchen gebildet werden, die mit Schwindel erregender Geschwindigkeit rund um riesige leere Räume wirbeln. Physiker haben diesen Teilchen phantastische Namen gegeben, wie *Leptonen, Quarks, Mesonen* und so fort. Diese Teilchen vermitteln uns über unsere Sinne die Erfahrung von Materie, obwohl sie definitiv keine materiellen Wesenheiten sind. Vielmehr sind sie Teilchen aus Information und Energie, die auf wechselnde, fluktuierende Weise in einer großen Leere bestehen. Diese Teilchen kommen ständig neu aus der Leere hervor, sie entstehen als etwas Erschaffenes, sie schnellen hin und her, stoßen gegeneinander und verschwinden wieder in der Leere.

Das Feld von Intelligenz, das für den stofflichen Ausdruck des Körpers, für seine materielle Form, verantwortlich ist, besteht hauptsächlich aus Quanten, die im leeren Raum fluktuieren. Der menschliche Körper an sich ist überwiegend leerer Raum, aber dieser Raum ist keine aus Nichts gemachte Leere, sondern vielmehr eine Fülle an nicht-stofflicher Intelligenz. Diese „Leere" ist reines Bewusstsein.

Der wesentliche Punkt ist: Unsere wahre Natur ist ein immaterielles Feld von Intelligenz. Manche Naturwissenschaftler nennen diesen Wesensgrund unseres Seins das *Vereinheitlichte Feld*, weil es das Feld des gesamten Universums ist. Und wenn dieses Feld von Intelligenz mit und in sich selbst denkt und interagiert, entsteht als dessen Ausdruck die materielle Welt.

Der Aberglaube des Materialismus betrachtet den menschlichen Körper als eine erstarrte Skulptur, die wie eingefroren in Raum und Zeit ist. In Wahrheit ist der Körper-Geist ein ständig wechselndes, pulsierendes Muster an Intelligenz. Er ist ein Fluss von Energie und Information – ein bewegliches, dynamisches und sich laufend veränderndes Gewebe von Energie, das sich selbst immer wieder aufs Neue erschafft. Der griechische Philosoph Heraklit sagte: „Du kannst nie zwei Mal in denselben Fluss steigen, weil immer wieder neues Wasser fließt." In gleicher Weise können wir nicht zwei Mal mit demselben Körper agieren, weil unser eigener Körper in jeder Sekunde unserer Existenz Energie und Information mit unserem erweiterten Körper austauscht, mit dem Universum.

Gleich, welchen Vorgang wir ansehen – Atmung, Nahrungsaufnahme, Verdauung, Stoffwechsel, sogar das Denken, das im Grunde genommen einen Fluss von Energie und Information im Körper darstellt –, werden wir feststellen, wie tiefgreifend, wie schnell und wie mühelos wir unseren Körper in jeder Sekunde unseres Lebens erneuern.

Mit jedem Atemzug atmen wir Milliarden von Atomen ein, die schließlich zu unseren Herzzellen, Nierenzellen, Gehirnzellen und so fort werden. Mit jedem Atemzug atmen wir kleine Partikel unseres Gewebes und unserer Organe aus und geben sie in die Atmosphäre dieses Planeten ab. Untersuchungen mit radioaktiven Isotopen haben gezeigt, dass der Körper innerhalb von weniger als einem Jahr 98% all seiner Atome austauscht und ersetzt. Alle fünf Tage erzeugt der Körper eine neue Magenschleimhaut, jeden Monat eine neue Haut, alle sechs Wochen eine neue Leber und alle drei Monate ein neues Skelett. Sogar unsere DNS, das genetische Material, in dem die Erinnerung an Milliarden von Jahren der Evolution gespeichert ist, wurde vor sechs Wochen nicht aus denselben Atomen gebildet wie heute.

Wenn Sie also meinen, dass Sie Ihr physischer Körper sind: Über welchen Körper sprechen Sie dabei? Der Körper, den Sie heute haben, ist nicht derselbe, den Sie vor drei Monaten hatten.

Der Aberglaube des Materialismus sieht den Körper als eine physikalische Maschine, die irgendwie gelernt hat zu denken, während tatsächlich das unendliche Bewusstsein irgendwie den Geist erschafft und sich dann als Körper zum Ausdruck bringt. Der Körper ist ein Muster, ein Netz bzw. Gewebe von Intelligenz in einem Feld des reinen Bewusstseins. Aus diesem Bewusstseinsfeld, diesem überwiegend „leeren Raum" unseres Körpers, tauchen Gedanken, Gefühle und Emotionen auf, die dann zu den Molekülen des Körpers werden.

Auf einer ursprünglichen Ebene ist Denken ein Impuls an Energie und Information, und es entsteht aus dem Feld des reinen Bewusstseins. Denken ist jener schwache Impuls, den wir in unserer Wahrnehmung ständig erleben: Es motiviert uns, ein Glas Wasser zu trinken oder von hier nach dorthin zu gehen. Dabei handelt es sich jedoch nicht nur um einen Gedanken; vielmehr ist es auch ein Gefühl, ein Wunsch, ein Instinkt, ein Trieb, eine Vorstellung, eine Idee. Auf dieser Ebene der Existenz erzeugen wir, während wir denken, Moleküle. Die wissenschaftliche Forschung hat nachgewiesen, wie wahr das ist.

Wenn wir einen Gedanken haben oder ein Gefühl hegen, erzeugt unser Gehirn eine Reihe von Chemikalien, die man *Neuropeptide* nennt – *Neuro*, weil man sie zuerst im Gehirn entdeckt hat, *Peptide*, weil diese Moleküle Proteinen ähneln. Auf diese Weise unterhalten sich die Gehirnzellen unter einander, nicht auf

Englisch oder Deutsch, sondern in der Sprache chemischer Boten, die aus dem Innenraum kommen. Die Wissenschaftler berichten, dass es an der Oberfläche von Gehirnzellen so genannte Rezeptoren für diese chemischen Boten gibt. Wenn eine Gehirnzelle mit anderen sprechen möchte, stellt sie Neuropeptide her, die an den Empfangsstellen der anderen andocken. Zu denken heißt, Gehirnchemie zu praktizieren.

Wenn Wissenschaftler nun an anderen Stellen des Körpers forschen, stellen Sie fest, dass die Rezeptoren für diese chemischen Boten, die der Bewegung von Gedanken entsprechen, auch in anderen Teilen des Körpers existieren. Solche Empfänger gibt es nicht nur bei den Gehirnzellen, sondern auch bei Magenzellen, Herzzellen, Darmzellen, Nierenzellen und so fort, überall im Körper. Magenzellen, Herzzellen und andere Zellen erzeugen die gleichen chemischen Substanzen, die das Gehirn erzeugt, wenn es denkt. Wir haben also einen denkenden Körper!

Wir können den Geist nicht im Gehirn einsperren: Der Geist ist in jeder Zelle des Körpers. Wenn wir sagen „Mein Herz ist traurig" oder „Ich berste vor Freude", dann sprechen wir die Wahrheit, denn genau das passiert dann auch auf der chemischen Ebene, auf der grundlegendsten Ebene in der Zelle. Oder wenn wir sagen „Ich habe so ein Gefühl im Bauch", dann ist das keine Metapher, sondern es verhält sich buchstäblich so: Unser Bauch erzeugt die gleichen chemischen Stoffe, die unser Gehirn herstellt, wenn es denkt. Unser Bauch kann sogar viel besser und genauer als unser Intellekt funktionieren, vermutlich deshalb, weil sich die Bauchzellen noch nicht zum Stadium des Selbstzweifels „weiterentwickelt" haben.

Wenn wir uns ruhig und entspannt fühlen, dann stellt unser Körper ein Beruhigungsmittel her, das denen ähnlich ist, welche die pharmazeutischen Firmen herstellen, allerdings fühlen wir uns mit unserem eigenen nicht wie ein Zombie. Wenn wir Angst spüren, erzeugt unser Körper „Bibber-Moleküle", und diese werden nicht nur in den Nebennieren hergestellt, sondern überall im Körper. Wenn wir ganz begeistert und in Hochstimmung sind, dann erzeugt unser Körper so genannte Immunmodulatoren, die als ein machtvolles Antikrebsmittel wirken. Die Zellen unseres Immunsystems, die uns vor Krebs, Infektionskrankheiten und degenerativen Beschwerden schützen, besitzen ebenfalls Rezeptoren für chemische Substanzen, die das stoffliche Äquivalent zu Gedanken sind.

Das Immunsystem ist ein zirkulierendes Nervensystem; es ist intelligent und bewegt sich im Körper umher. Deshalb ist es gar nicht möglich, dass wir einen Gedanken haben, ein Gefühl erleben oder einen Wunsch spüren, ohne dass unsere Immunzellen davon wüssten. Die Immunzellen belauschen sogar gewissermaßen ständig unseren inneren Dialog.

Wenn wir denken, wenn wir träumen, wenn wir auch nur einen vagen Impuls der Intelligenz in unserem Bewusstsein haben, hören die Immunzellen zu und erzeugen dabei die gleichen chemischen Stoffe, die das Gehirn erzeugt, wenn es denkt. Die Immunzellen sind bewusste kleine Wesen mit ihren eigenen Ansichten und Vorstellungen, mit ihrer eigenen Intelligenz, ihren eigenen Emotionen.

Das hört sich vielleicht sehr esoterisch für Sie an, ist aber eine naturwissenschaftlich erwiesene Tatsache. Sie besitzen ein denkendes Immunsystem, das zwischen einen freundlichen Bakterium und einem unfreundlichen unterscheiden kann, zwischen krebsauslösenden Substanzen und einem harmlosen chemischen Stoff. Wenn Ihr Körper auf ein Bakterium stößt, obwohl es diesem Bakterium in diesem Leben noch nie vorher begegnet ist, erinnert es sich doch an das erste Mal, als ein Mensch im Verlauf der evolutionären Geschichte seiner Art begegnet war, und Ihr Körper stellt dann genau den passenden Antikörper für dieses Bakterium her.

Sie verfügen über eine hervorragende innere Apotheke. Was Sie auch nur wollen, kann der Körper in der richtigen Dosis zur rechten Zeit für das richtige Organ herstellen, ohne Nebenwirkungen, und alle Anweisungen sind in der Verpackung auch noch automatisch mit dabei. Diese Fähigkeit stellt profunde Intelligenz unter Beweis, und unser Körper ist tatsächlich selbst dieses Feld von Intelligenz. Was hat das alles aber mit Macht, Freiheit und Gnade zu tun?

Wenn Sie wirklich verstehen und aufnehmen würden, dass Sie selbst genau dieses Feld von Intelligenz sind, das den Körper, den Geist und das ganze Universum erschafft – wenn Sie das sowohl intellektuell als auch in Form eigener Erfahrung wüssten –, warum sollten Sie dann nicht die Macht besitzen zu manifestieren? Warum sollten Sie nicht die Freiheit eines unbegrenzten Bewusstseins haben? Wie könnten Sie dann *nicht* im Zustand von Gnade leben?

Wenn Sie wirklich verstünden, wer Sie sind: Welcher Teil des reinen Bewusstseins sollte Ihnen dann nicht zur Verfügung stehen? Sie würden sich selbst als den Betrachter und das Betrachtete erfahren, als den Tänzer und den Tanz, den Wunsch und dessen Erfüllung. Sie würden wissen, dass Sie ein Feld reinen Potenzials sind mit der Fähigkeit und Macht von Schöpfung und Erschaffung.

In Indien gibt es diesen uralten Spruch: „Indem ich in mich selbst gehe, erschaffe ich und erschaffe ich wieder und wieder. Ich erschaffe den Geist, ich erschaffe den Körper, ich erschaffe Wahrnehmungen, ich erschaffe das Universum. Ich erschaffe all die Dinge, die ich Wirklichkeit nenne."

Wenn Sie erst einmal erkannt haben, dass Ihr Körper-Geist ein Feld des reinen Bewusstseins ist, dann klammern Sie sich nicht mehr an das, was flüchtig und unwirklich ist. Sie erschrecken auch nicht mehr voller Angst vor irgend etwas. Sie fühlen sich dann frei wie ein Blatt im Winde, so frei wie der Wind selbst. Und es gibt nichts Wertvolleres als die Freiheit des reinen, unbegrenzten Bewusstseins. Diese Freiheit, diese Befreiung ist Erleuchtung!

Im Vedanta heißt es: „Erkenne das, durch dessen Kenntnis alles andere erkannt wird.“ Wenn ein Mensch das Selbst erkennt, verschwinden die Begrenzungen der Welt.

## Schlüsselgedanken

- Sie vergessen, wer Sie sind, weil Sie sozial konditioniert worden sind, Ihren Sinnen zu vertrauen und sich auf den Aberglauben des Materialismus zu verlassen.

- Sie können vom Feld der Intelligenz, die den gesamten Kosmos erzeugt, nicht getrennt werden. Wenn Sie das erkennen, werden Sie von der Halluzination befreit, ein getrenntes Selbst zu sein, das in einem getrennten Körper lebt.

- Wenn Sie erkennen, dass Ihr Körper-Geist ein Feld des reinen Bewusstseins ist, dann wissen Sie, dass Sie Macht, Freiheit und Gnade haben. Glücklich zu sein liegt deshalb darin, Ihre wahre Natur zu erkennen, die all dies ist.

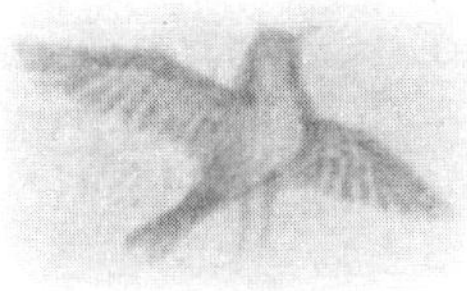

• 4 •

# Wie bin ich daran beteiligt, eine Wirklichkeit zu erschaffen?

*Verursachung:*
*Der Vorgang, etwas zu bewirken.*

Unsere Sinne vermitteln uns, dass alles innerhalb von Raum und Zeit passiert. Es gibt eine Vergangenheit, eine Gegenwart und eine Zukunft, und die Welt funktioniert aufgrund von linearen Beziehungen, die auf Ursache und Wirkung aufbauen. Jedes Mal also, wenn ich eine Entscheidung treffe, verursache ich eine Wirkung; diese Wirkung wird zur Ursache einer weiteren Wirkung. Die Dinge müssen eines nach dem anderen, nacheinander, ablaufen. Ich muss von hier aus dorthin gehen, von einem Ort an einen anderen. Damit taucht eine Zeitschiene auf.

Zwar erfahren unsere Sinne die Welt auf diese Weise, aber die Welt ist nicht so. Die Welt ist synchronistisch, sie beruht auf Koinzidenzen, sie passiert gleichzeitig. Zur selben Zeit existieren unendliche Möglichkeiten neben einander. Alles passiert auf einmal, alles ist miteinander verknüpft und wird unmittelbar mit allem anderen synchronisiert. Diese Gleichzeitigkeit kann es nur geben aufgrund eines Phänomens, das *unendliche Korrelation* genannt wird. Unendliche Korrelation ist die Fähigkeit, eine unbegrenzte Anzahl von Dingen zu tun und sie gleichzeitig alle aufeinander zu beziehen und miteinander zu verknüpfen.

Der menschliche Körper ist das beste Beispiel unendlicher Korrelation, da er ein Feld der Gleichzeitigkeit darstellt, in dem Physik, Chemie, Biologie und Mathematik alle zusammentreffen, um die Erfahrung des Lebens zu erschaffen. Der Körper besitzt hundert Billionen Zellen, mehr als es Sterne in der Galaxie der Milchstraße gibt. Jede Zelle tut jede Sekunde zahllose Dinge und weiß unmittelbar, was die anderen Zellen tun und stimmt ihre eigene Tätigkeit auf die der anderen Zellen ab, sie „korreliert" ihre Tätigkeiten. Es gibt gar keine *Zeit* dafür, dass eine Zelle der anderen sagt: „Hör mal, ich werde jetzt Nahrung verdauen, warte mit deiner Tätigkeit ein bisschen ab und denke erst einmal auch keine Gedanken."

Unsere Magenzellen verdauen Nahrung, während unsere Gehirnzellen Gedanken denken, während unsere Gallenblase Gallenflüssigkeit erzeugt, während unser Immunsystem Bakterien unschädlich macht. Alle Zellen führen nicht nur mehr als ein einzige Tätigkeit zugleich aus, sondern sie alle behalten auch im Auge, was die anderen Zellen gerade tun, denn sonst gäbe es im Körper eine ziemliche Verwirrung.

Und während die Zellen alle ihre Tätigkeiten aufeinander abstimmen, beachtet unser Körper auch noch die Bewegung der Erde, des Mondes, der Planeten, der Sterne und des gesamten Kosmos. Unser Körper, unser Geist, unsere Emotionen – alles in unserer Physiologie verändert sich von Augenblick zu Augenblick, entsprechend der Tageszeit, der Mondzyklen, der Jahreszeiten und sogar der Gezeiten der Meere.

Unser Körper ist ein Teil des Universums und alles, was sich im Universum ereignet, betrifft schlussendlich auch die Physiologie unseres Körpers. Biologische Rhythmen sind ein Ausdruck der Rhythmen der Erde in ihrem Verhältnis zum ganzen Kosmos, und vier dieser Rhythmen – Tagesrhythmus, Gezeitenrhythmus, der monatliche oder Mondrhythmus und der jährliche oder Jahreszeitenrhythmus – bilden die Grundlage aller anderen Rhythmen in unserem Körper.

Während sich die Erde um ihre eigene Achse dreht, erleben wir den 24-Stunden-Zyklus von Nacht und Tag. Der daraus folgende Rhythmus beruht auf der

Erddrehung und alles in unserem Körper, der ja ein Teil der Erde ist, dreht sich mit und folgt diesem Rhythmus der Erde. Wenn dieser biologische Rhythmus gestört wird, zum Beispiel durch Fernreisen, dann spüren wir den so genannten Jetlag. Oder wenn wir in Nachtschichten arbeiten müssen, fühlen wir uns auch dann, wenn wir uns tagsüber ausruhen, nicht ganz wohl, weil unser biologischer Rhythmus nicht mehr mit den kosmischen Rhythmen übereinstimmt.

Wissenschaftliche Untersuchungen haben ergeben, dass eine bestimmte Strahlendosis, die ein Tier zu einer speziellen Zeit des Tages erhält, eine günstige Wirkung ausüben kann. Wenn man dieselbe Dosis zwölf Stunden später verabreichen würde, könnte das Tier daran sterben. Warum? Weil sich seine Physiologie innerhalb dieser zwölf Stunden vollständig verändert hat.

Sogar kleinere ganz subjektive Erfahrungen zeigen uns ja, dass wir uns zu gewissen Zeiten des Tages hungrig fühlen und zu anderen Zeit müde. Wir wissen, dass wir uns meistens um 4 Uhr nachmittags ganz anders fühlen als um 4 Uhr morgens.

Auch die Gezeiten üben auf unsere Physiologie eine Wirkung aus. Diese Rhythmen sind das Ergebnis der Schwerkraftanziehung von Sonne, Mond und Sternen in weit entfernten Galaxien auf die Meere unseres Planeten Erde. In uns selbst ist ein Ozean, der den Weltmeeren ähnelt. Mehr als 60 Prozent unseres Körpers ist Wasser, und ebenso ist mehr als 60 Prozent der

Erde Wasser. Auch wir erfahren Ebbe und Flut, und diese Gezeiten steigen und fallen in unserer eigenen Physiologie. Wenn wir mit uns unwohl fühlen und mit uns selbst nicht eins sind, dann ist unser Körper nicht mehr in Synchronizität mit dem Körper des Universums. Wenn wir dann Zeit in der Nähe eines Ozeans verbringen oder irgendwo in der freien Natur, dann kann uns das helfen, unsere Rhythmen wieder auf die Rhythmen der Natur einzustimmen.

Der Mondrhythmus ist ein Zyklus von 28 Tagen, der auf der Bewegung der Erde um die Sonne und des Mondes um die Erde beruht. Diesen Rhythmus nehmen wir anhand des zunehmenden und abnehmenden Mondes deutlich wahr. Wir sehen den Vollmond, den abnehmenden Mond, den Neumond (wenn der Mond für ein bis drei Nächte nicht sichtbar ist) und dann beginnt der Zyklus mit dem zunehmenden Mond erneut. Die menschliche Fruchtbarkeit und die Menstruationsperioden sind gute Beispiele für Zyklen, die im Zusammenhang mit dem Mondrhythmus stehen, und es gibt eine Reihe weiterer 28-Tage-Zyklen. Während meiner Arbeit als Arzt in der Notaufnahme konnte ich feststellen, wie zahlreiche andere Ärzte auch, dass bestimmte Unfälle und Beschwerden in Korrelation zu entsprechenden Tages- bzw. Nachtzeiten oder zu Mondphasen vermehrt auftraten.

Während die Erde ihren Umlauf um die Sonne vollzieht, erleben wir die Rhythmen der Jahreszeiten als unterscheidbare Phasen biochemischer Veränderungen im Körper-Geist. Es ist wahrscheinlicher, dass wir uns im Frühling frisch verlieben und dass wir im Winter eher zu Depressionen neigen. Menschen, die unter einer sogenannten Jahreszeitenstörung leiden, werden im Winter depressiv, aber ihr Befinden verbessert sich, wenn sie mehr Sonne „tanken". Der Wechsel der Jahreszeiten beeinflusst nicht nur die Biochemie des menschlichen Körpers, sondern auch die Biochemie von Bäumen, Blumen, Schmetterlingen, Bakterien und allem anderen in der Natur.

Im Frühling neigt sich die Erdachse auf eine bestimmte Weise und Blumen fangen an zu erblühen, Erdhörnchen kommen aus ihrem Bau, der Vogelzug beginnt, Fische kehren in ihre Laichgründe zurück und es beginnen Paarungsrituale. Menschen fühlen sich dazu bewegt, Gedichte zu schreiben, Paare singen Liebeslieder und junge und alte Herzen verlieben sich neu. Die Rhythmen der Jahreszeiten wirken sich biologisch, mental und emotional auf uns aus, und sie haben alle mit dem Erdstand im Verhältnis zur Sonne zu tun.

Es gibt andere Zyklen und Rhythmen, die nur einige Sekunden lang oszillieren; dazu gehören elektrische Herz- und Gehirnwellen. Es gibt weitere Rhythmen im Körper, die zwischen dreißig Minuten und achtundzwanzig Stunden dauern. Es existieren Zyklen innerhalb von Zyklen und das alles wird sehr kompliziert, aber bildet gemeinsam doch eine ganze Symphonie. Alle diese Rhythmen zusammen gestalten die

Symphonie des Universums, und der Körper-Geist ist laufend darum bemüht, seine Rhythmen auf die Rhythmen des Universums abzustimmen.

Den Körper-Geist vom Rest des Kosmos abzutrennen heißt, die Dinge völlig anders wahrzunehmen, als sie wirklich sind. Der Körper-Geist ist ein Teil eines größeren Geistes, er ist Teil des Kosmos, und kosmische Rhythmen üben eine tiefgreifende Veränderung in unserer Physiologie aus. Das Universum spielt wirklich so etwas wie eine Symphonie der Sterne. Und wenn unser Körper-Geist in diese Symphonie einstimmt, geschieht alles ganz spontan und mühelos und die Fülle des Universums fließt in fröhlicher Ekstase durch uns hindurch.

Der wahre Ausdruck des Körper-Geistes ist dieses Feld von Intelligenz, das jede Zelle durchdringt, das jede Tätigkeit auf alle anderen Prozesse abstimmt, und das dies unterhalb der Schwelle unserer bewussten Wahrnehmung vollzieht. Wissenschaftler bezeichnen diese Fähigkeit des Körper-Geistes als unendliche Korrelation. Da die meisten von uns keine Wissenschaftler sind, können wir diese Eigenschaften des Körper-Geistes *allwissend, allgegenwärtig* und *allmächtig* nennen.

Es hört sich vielleicht an, als ob ich damit Begriffe aus der Mystik verwende, jedoch sind dies wissenschaftlich betrachtet zutreffende Feststellungen. Was könnte überzeugender sein als Beispiel für Allwissen, Allgegenwart und Allmacht? Der Geist weiß alles gleichzeitig, er ist zugleich überall und er ist allmächtig*. Als Teil eines ungeheuer ausgedehnten Feldes von Intelligenz erstreckt sich der Geist weit über die Grenzen des Kosmos hinaus. Obwohl sich der Geist vielleicht in örtlich lokalisierbaren Formen und Phänomenen manifestiert, ist er an sich jedoch ortlos, was bedeutet, dass er nicht auf einen Ort begrenzt werden kann.

Auch Zeit ist ortlos. Die Tatsache, dass wir Zeit lokalisieren können, hat mit einer begrenzten Form von Wahrnehmung zu tun, die auf unserer Art von Aufmerksamkeit beruht. Dieser Augenblick ist in der Mitte der Ewigkeit, aber das gilt genauso für alle anderen Momente, weil sich die Ewigkeit gleichermaßen von jedem Augenblick aus rückwärts und vorwärts ausdehnt. Es gibt weder Vergangenheit noch Zukunft, weder damals noch jetzt, weder vorher noch später: Es gibt nur den ewigen Augenblick. Alles, was man erfährt, erlebt man in der Bewusstheit des gegenwärtigen Moments – im Hier und Jetzt und nirgendwo sonst.

Wir neigen dazu zu denken, dass es so etwas wie Zeit gäbe, aber fragen Sie bei jedem beliebigen Physiker nach, ob Zeit eine Sache oder eine Vorstellung ist. Fragen Sie nach, ob Zeit wirklich existiert oder nur ein Konzept darstellt, um die Erfahrung von Veränderung in unserer Umgebung zu erklären. Ein bedeutender Quantenphysiker hat dazu einmal gesagt: „Es gibt bis-

* In der Vorlage „mind"; ein Begriff, der hier auch Bewusstsein und Spirit umfasst. (Anm.d.Ü.)

her kein Experiment, das die Existenz von Zeit bewiesen hat." Zeit ist keine Sache, sondern eine Idee, eine Vorstellung.

Physiker verwenden das Wort *Zeit* nicht mehr, sondern sie gebrauchen den Begriff *Raumzeit-Kontinuum,* weil sie wissen, dass Zeit eine relative Erscheinung ist, keine absolute. Die Bewegung des Planeten Erde, der sich um seine eigene Achse dreht und mit Tausenden von Stundenkilometern um die Sonne rast, erzeugt unsere Erfahrung von Zeit. Zeit ist jedoch eine Illusion; sie ist eine Form des inneren Dialogs, die wir benutzen, um damit unsere Erfahrungen oder Wahrnehmungen von Veränderungen und Beziehungen auszudrücken.

Bewusstsein ist unendlich, unbegrenzt und ewig. Das bedeutet, dass es keinen Anfang hat, kein Ende und keine zeitlichen Grenzen. Wie messen Sie etwas, das unendlich ist? Sie könne es einfach nicht messen. Jede Messung entspricht einer Vorstellung und die Unendlichkeit ist jenseits unserer Vorstellungen. Wir könne durchaus sagen, dass Zeit die Art und Weise ist, wie das Bewusstsein den Raum oder die Lücke zwischen einer Erfahrung und der nächsten misst. Indem es sich selbst bemisst, erzeugt das Bewusstsein das Erleben von Zeit und ebenso die Erfahrung von Raum. Das Zeit-Raum-Kontinuum erschafft die Erfahrung von Ursache und Wirkung, und das wiederum erzeugt die Erfahrungen der materiellen Welt.

Was hat das mit uns zu tun? Nun, wie wir die Vorstellung von Zeit *deuten* – wie wir unser Erleben von

Zeit in unserem Stoffwechsel *verarbeiten* –, das führt zu deutlichen physiologischen Veränderungen im Körper-Geist. Das ist ein faszinierender Aspekt unserer Biologie. Einige Beispiele möchte ich Ihnen nennen.

Der so genannte circadiane Rhythmus, der unsere Schlaf- und Ruhezyklen und sowohl den Appetit als auch die Verdauung und Ausscheidung kontrolliert, wird schnell gestört, wenn wir über mehrere Zeitzonen hinweg reisen. Einmal, als ich auf einem Flug von Boston nach London war, traf ich einen alten Freund. Wir hatten eine so gute Zeit mit einander, dass „die Zeit wie im Flug verging". Der Flug dauerte sechs oder sieben Stunden, aber uns kam er, als wir London erreichten, wie ein Katzensprung vor. Wir hatten weder an Schlaf noch an Essen gedacht und waren auch nicht zur Toilette gegangen. Als wir in London ankamen, spürten wir noch nicht einmal den Jetlag. Was war da mit uns passiert? Nun, aufgrund dieser Vorstellung, dass die Zeit wie im Flug verstrichen war, wurde unsere Biologie nicht durch die Veränderung der Zeitzonen beeinflusst.

Viele Untersuchungen haben ergeben, dass das subjektive Erleben von Zeit Einfluss auf unsere Biologie ausübt. Was bedeutet zum Beispiel das Wort *Montag* für Sie? Es ist eine bemerkenswerte Tatsache, dass in unserer Gesellschaft mehr Menschen an einem Montag Morgen gegen neun Uhr sterben als zu irgendeiner anderen Zeit während der Woche. Das ist eine erstaunliche Leistung, die nur die menschliche Art vollbringt. Soweit wir wissen, kennt kein Tier den Unterschied zwischen Montag und Dienstag. Und wo liegt der Unterschied nun dabei? Der Unterschied ist eine Ansicht, eine Vorstellung, ein Gedanke darüber, was Montag für uns bedeutet bzw. wir wir ihn *interpretieren.*

Es gibt Menschen, die sagen: „Mir läuft die Zeit davon“, weil sie zehn verschiedene Termine auf einmal wahrnehmen wollen. Sie versuchen ständig, die Zeit „zu überlisten“. Sie schauen auf ganz genau dieselbe Wanduhr, die Sie und ich auch sehen, aber für sie drehen sich die Zeiger der Uhr schneller aufgrund ihrer inneren Wahrnehmung von Zeit. Wenn man ihre biologischen Reaktionen misst, stellt man fest, dass ihr Herzschlag schneller ist, ihr Blutdruck höher, ihr Insulinniveau ebenfalls, und dass sie mehr Herzarrhythmien als andere Menschen erleben. Und wenn sie dann eines Tages plötzlich mit einem Herzinfarkt tot zusammenbrechen, ist ihnen die Zeit wirklich davongelaufen. Sie haben ihr innerliches Erleben, dass ihnen die Zeit davonläuft, in eine physische Erfahrung umgesetzt.

Es gibt andere Menschen, deren Wahrnehmung, deren innerer Dialog und deren Deutung von Zeit lautet: „Ich habe alle Zeit der Welt.“ Man hat festgestellt, dass der Herzschlag dieser Menschen im Durchschnitt langsamer ist, ihr Blutdruck niedriger, ihre biologischen Reaktionen harmonischer und dass sie länger leben.

Dann gibt es Momente, wenn die Zeit still zu stehen scheint. Dann ruft man vielleicht aus: „Der Anblick des Berges war einfach atemberaubend schön. *Die Zeit ist still gestanden.*" Wenn Zeit still steht, dann steht das Denken still. Wenn das Denken still steht, dann kommen Veränderungen im Körper zum Stillstand. Was Wissenschaftler Entropie nennen, oder Altern, hält in diesen Augenblick ebenfalls inne, weil Altern zum Teil ein Ausdruck unserer Einstellung ist, wie wir Zeit deuten und wie wir Zeit in unserem Stoffwechsel „verdauen".

Während meiner Arbeit als Stationsarzt in der Psychiatrie eines Krankenhauses stellte ich fest, dass manche der Patienten, die unter Psychosen litten, keinerlei Vorstellung von Zeit besaßen. Als Folge schienen ihre Körper nicht mehr zu altern. Ich begegnete einer sechzigjährigen Patientin, die wie dreißig aussah. Es gab viele solcher Menschen. Warum war das so? Weil sie noch nicht einmal die Vorstellung hatten, Zeit könnte existieren und Zeit nun einmal zuerst eine Idee, ein Konzept darstellt.

Um das nun ins Praktische zu bringen: Alle diese unterschiedlichen Erfahrungen von Zeit sind nichts anderes als Deutungen in unserem Bewusstsein. Wie wir Zeit interpretieren, wie wir Räumlichkeit interpretieren, wie wir die physikalische Realität interpretieren, das bestimmt unsere Erfahrung der physischen Wirklichkeit, und dazu gehört das Erleben unseres Körpers. Unser Körper ist das Stoffwechselendprodukt unserer Sinneserfahrungen und unserer Interpretation dieser Sinneserfahrungen.

Wie erleben Sie Zeit oder Wandel? Wenn Sie es immer eilig haben und ständig versuchen, die Zeit zu überlisten oder mit ihr um die Wette zu laufen, werden sie entsprechende eilige Veränderungen in Ihrer Biologie bewirken. Wenn Ihre Deutung von Zeit jedoch näher an der Wirklichkeit ist, dass es nämlich nur eine ewige Gegenwart gibt, dann wird Ihre Biologie diese wirklichkeitsgetreuere Ansicht spiegeln.

Sie können die Vergangenheit in der Gegenwart erleben; in der Gegenwart können Sie in die Zukunft voraus blicken. Falls Sie jedoch in der Gegenwart *bleiben* können, falls Sie in der Gegenwart *sein* können, dann werden sich die physischen Veränderungen, die sich normalerweise im Verlauf der Zeiten einstellen, in Ihrem Körper nicht abspielen. Ein vedischer Meister hat einmal gesagt: Der einzige Grund, warum Menschen alt werden und sterben besteht darin, dass sie andere Leute alt werden und sterben sehen."

Was wir sehen, dazu werden wir. Was wir berühren, dazu werden wir. Sogar unsere Erinnerungen verwandeln sich laufend in physische Reaktionen in unserem Körper. Unsere Deutung der Realität, unsere Interpretation unseres Körper-Geistes, erzeugt alle möglichen Arten von biochemischen Reaktionen in uns. Diese Interpretationen werden zu Erinnerungen, und diese wiederum lösen spontan Veränderungen aus, ohne dass wir es bemerken. Wo sind diese Erinnerungen nun zu lokalisieren? Sie bestehen ortlos in unserer Seele, sie manifestieren sich in unseren Gehirnzellen, und sie werden in jeder Zelle unseres Körpers eingeprägt.

Ihr Körper ist ein Feld von Ideen; Ihr Körper, den Sie jetzt erleben, ist ein Ausdruck aller Ideen, die Sie bisher über ihn gehabt haben. Wenn Sie meinen, dass Ihr Körper eine physikalische Maschine sei und dass er auf eine bestimmte Weise altern müsse und dass er aufgrund von Umwelteinflüssen in seiner Funktion beeinträchtigt werde, dann werden sich diese Vorstellungen in entsprechende chemische Veränderungen im Körper umsetzen. Wenn sich diese Vorstellungen verändern, und sie werden sich als Folge neuer wissenschaftlicher Entdeckungen verändern, dann wird bereits Ihre veränderte Sichtweise, wie Sie den Körper betrachten, spontane Veränderungen in diesem Körper bewirken.

Als ein Muster von Intelligenz in einem riesigen Feld von Intelligenz nehmen Sie Anteil daran, die Welt zu erschaffen, die Sie erleben. Die Welt „da draußen" mag Ihnen als objektiv erscheinen, aber in Wahrheit ist diese Welt subjektiv; sie ist ein Gebäude Ihrer eigenen Interpretationen. Sie lernen, die Welt über Ihre Sinne zu deuten, und das führt zu Ihren Wahrnehmungserfahrungen, einschließlich der persönlichen Erfahrung Ihres eigenen Körper-Geistes. Ein interessantes Beispiel dafür, wie der Körper-Geist seine eigene Erfahrung interpretiert, an ihr teilhat und sie selbst aufbaut, ist der Placebo-Effekt*. Vor vielen Jahren entdeckten Ärzte, dass sie Patienten medizinisch unwirksame

* Placebo: lateinisch für „ich werde gefallen". (Anm.d.Ü.)

Zuckerpillen geben konnten und dass ungefähr 30 Prozent der Menschen daraufhin tatsächlich Linderung ihrer Schmerzen erfuhren. Dies wurde als Placebo-Effekt bekannt.

Später stellte man fest, dass Placebo-Effekte nicht nur bei Schmerzmitteln auftraten, sondern auch bei anderen Gesundheitsbeschwerden. Wenn der Arzt Patienten eine Pille gibt und dazu sagt: „Das wird Ihnen bei Ihren Herzproblemen helfen“, so kann diese schlichte Annahme einer zutreffenden Aussage und Vorstellung im Bewusstsein der Patienten bewirken, dass der Körper eine chemische Substanz herstellt, welche den Blutdruck senkt und den Blutsrom zum Herzen fördert.

Der Placebo-Effekt ist für unser Verständnis der Körper-Geist-Verbindung wesentlich, weil die Placebo-Reaktion im Grunde genommen eine *Interpretation* darstellt, die wir selbst vornehmen. Wir brauchen keine Affirmationen, sondern wir hegen die einfache Ansicht: „Das wird meine Schmerzen lindern“, und schon erfüllt der Körper-Geist diese Annahme, indem er bestimmte hochwirksame chemische Stoffe erzeugt.

Das Gegenteil einer Placebo-Reaktion wäre die *Nocebo*-Reaktion. Nehmen wir an, eine Patientin geht in die Arztpraxis und der Doktor sagt: „Frau Schmidt, leider muss ich Ihnen sagen, dass Sie Brustkrebs haben, dessen Metastasen sich in alle Knochen ausgebreitet haben.“ Falls Frau Schmidt alles glauben würde, was ihr Arzt ihr sagt, dann könnte sie diese Ansicht, die sie gerade gehört hat, in die Wirklichkeit umsetzen. Worin besteht dieser Nocebo-Effekt also? Darin, dass wir wiederum eine Deutung vornehmen, in diesem Fall eine negative.

Wenn man die Macht der Deutung erkennt, führt dass dazu, dass man den Körper-Geist neu definiert. Wir können wunderbare Dinge mit diesem Körper machen. Wir können innere Heilkräfte aktivieren, weil in uns eine Apotheke steckt, welche die entsprechenden Medikamente erzeugen kann. Wir können unsere Wahrnehmung von Zeit neu ordnen, und das würde dazu führen, dass wir den physischen und physikalischen Ausdruck unseres Körpers vollständig restrukturieren könnten, so dass es sogar möglich würde, den Alterungsprozess zu verlangsamen oder umzukehren.

Der menschliche Körper-Geist ist Teil eines bewussten, denkenden Intelligenzfeldes. In jeder Sekunde unserer Existenz tauscht sich der örtlich lokalisierte Ausdruck dessen, was wir *Körper-Geist* nennen, auf der Ebenen von Energien und Informationen mit dem örtlich nicht lokalisierten Ausdruck dessen aus, was wir *Universum* nennen. Der Durchschnittsmensch denkt rund 60.000 Gedanken am Tag. Das ist nicht überraschend. Ein bisschen beunruhigend ist vielmehr, dass 95 Prozent der Gedanken, die wir heute haben, die gleichen sind, die wir gestern hatten. Jeden Tag erzeugen wir unbewusst die gleichen Energiemuster, welche zur gleichen physischen Ausdrucksform des Körpers führen.

Stellen Sie sich einmal vor, dass Sie die Mauersteine eines Gebäudes einmal im Jahr erneuern könnten, aber dass Sie aufgrund von Gewohnheiten oder weil sie es nicht besser wissen, in der Ansicht fest stecken, dass man das Gebäude nur auf eine einzige Weise aufbauen könnte. Also stecken Sie die Mauersteine jedes Jahr wieder an dieselbe Stelle und haben so immer wieder und immer noch das gleiche Gebäude. Wenn Sie nun die Ansicht hegen, dass der Körper schwächer werden sollte, dass er altern oder im Verlauf der Zeit krank werden müsste, dann wird sich diese Vorstellung in entsprechenden Energiemustern manifestieren.

Jede Interpretation, die wir in jedem Augenblick machen, wirkt auf das Energiemuster unseres Körpers ein. Wir können unsere Deutungen sehr wohl verändern, weil wir selbst es ja waren, die sie anfangs getroffen haben! Wir besitzen die Fähigkeit, Entscheidungen zu treffen. Die meisten Menschen sind jedoch Opfer eines gesellschaftlich geprägten Denkens, sie befinden sich sozusagen wie unter Hypnose durch ihre soziale Konditionierung. Unsere Sinne können weniger als ein Milliardstel der Reize aufnehmen, die auf uns einströmen; unsere soziale Konditionierung bestärkt uns in dem, was wir für möglich und richtig halten und sie löscht das, was wir als unmöglich empfinden. Wir müssen aufwachen und uns von dieser Hypnose befreien, wir müssen uns von der Ebene der sozialen Prägungen auf eine tiefere Ebene begeben.

Wie geht das? Indem wir den gesamten Prozess wahrnehmen und ihn uns in seinen Abläufen und Folgen bewusst machen. Dann werden wir erkennen, dass wir die Freiheit besitzen, eigene Entscheidungen zu treffen. Stellen Sie sich vor, dass Ihr Nervensystem die Hardware ist und all die chemischen Veränderungen, die in Ihrem Körper ablaufen, die Software sind. Die Software oder das Programm verändert sich entsprechend Ihrer Gedanken, Gefühle, Interpretationen und Wünsche. Wer aber ist der Programmierer? Der Programmierer ist das innere Selbst, der *stille Beobachter,* die allgegenwärtige Bewusstheit, die alles wahrnimmt. Wenn Sie erst einmal in Verbindung mit diesem schweigenden Beobachter gelangt sind, verleiht Ihnen das die Fähigkeit, das Programm umzuschreiben.

Als stiller Beobachter erkennen Sie, dass Sie der Denker jedes Gedankens sind. Wenn Sie sagen: „Ich habe eine Idee über dies oder jenes“, dann bedeutet der Gebrauch des „Ichs“, dass hinter diesem Gedanken ein Denker existiert. Dieser Denker, dieser stille Beobachter, ist in den Lücken und Zwischenräumen zu finden, wenn das Denken schweigt. Man findet ihn weder im Körper noch im Verstand, weil er jenseits von Form und Intellekt ist. Zwischen den Gedanken gibt es eine kleine Pause der Stille, und dort finden Sie Ihr *wahres* Selbst. Diese Pause bildet einen Korridor, ein Fenster, eine transformatorische Spirale, durch die hindurch der persönliche Geist mit dem kosmischen Geist kommunizieren kann.

Der schweigende Beobachter ist der Programmierer; er ist derjenige, der über Einsichten verfügt, der Entscheidungen trifft. Der stille Zeuge ist der einzige Teil Ihrer selbst, der sich *nicht* verändert. Sobald Sie den Teil von sich entdecken, der sich nicht verändert, werden Sie in der Lage sein, Veränderungen in dem Teil Ihrer selbst zu bewirken, der sich wandeln kann. Sie müssen dazu keine Affirmationen bekräftigen, Ihr Körper sei dieses oder jenes. Sie müssen sich keiner irgendwie gearteten Gehirnwäsche unterziehen. Sie brauchen nur das Verständnis dafür zu haben oder die Einsicht dafür zu gewinnen, Ihren Körper spontan zu transformieren.

Wenn Sie sich mit dem Wunder des menschlichen Körper-Geistes vertraut machen, werden Sie eine enorme, Achtung gebietende Macht erwerben. Diese Kraft ist magisch insofern, als sie Ihnen gestattet, den Körper-Geist als viel fließender, flexibler, dynamischer und kreativer zu erfahren, als Sie es sich je haben vorstellen können. Zuerst müssen Sie jedoch Ihr wahres Wesen, Ihre wahre Natur verstehen. Sie müssen den Körper-Geist als das erleben, was er wirklich ist.

Das Feld des reinen Bewusstseins erschafft ständig den Körper-Geist, es kontrolliert ihn und manifestiert sich laufend und immer wieder neu in ihm. Nehmen Sie Kontakt mit diesem Feld auf, und Sie werden eine vollständig neue Wirklichkeit des Körpers erfahren. Sie werden realisieren, dass Sie Ihren Körper müheloser, schneller und wirkungsvoller verändern können, als Sie neue Kleidung anziehen könnten.

## SCHLÜSSELGEDANKEN

- Sie nehmen Anteil daran, Ihre Wirklichkeit zu erschaffen, indem Sie Ihre Sinneswahrnehmungen einordnen und bewerten. Die Welt ist ein Konstrukt Ihrer eigenen Interpretationen.

- Der menschliche Körper ist ein Feld von Ideen, und der Körper, den Sie erfahren, ist ein Ausdruck aller Ideen, die Sie über ihn haben.

- Wenn die Rhythmen Ihres Körper-Geistes in Harmonie mit den Rhythmen der Natur sind, dann ist alles mühelos und das Universum fließt in freudiger Ekstase durch Sie hindurch.

# Teil II

## Das Rezept

*Sich daran erinnern,*
*wer wir sind*

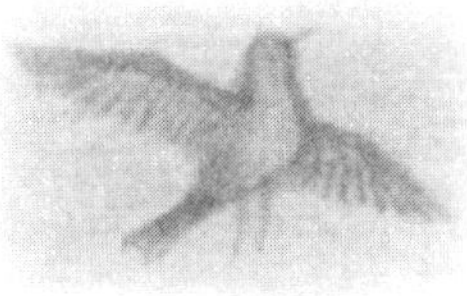

• 5 •

# Wohin gehe ich, wenn ich sterbe?

*Diskontinuität:*
*Mangel an Kontinuität, eine Unterbrechung oder Lücke.*

Jetzt haben wir also die grundlegende Frage beantwortet, bei der wir angefangen haben: *Wer bin ich?* Die Antwort lautet: *Ich bin reines Bewusstsein, reine Potenzialität, ein Feld aller Möglichkeiten.* Das bin ich wirklich. Ich bin weder der Körper, noch bin ich der Verstand. Ich bin derjenige, der den Körper hat und der den Verstand hat. Spirit, das eine Sein, wird zu all dem, und seiner Natur nach ist Spirit allwissend, allgegenwärtig und allmächtig.

Also lautet die nächste Frage: *Woher komme ich?* Und die Antwort darauf ist: *Ich bin von nirgendwoher gekom-*

*men, weil ich schon immer hier war.* Der Körper kommt und geht, aber „ich“ bin immer hier. Woher ich komme, das ist ein Ort, der keinen Anfang in der Zeit hat und kein Ende. Wohin ich gehe, das ist derselbe Ort. Wie wir festgestellt haben, gibt es in Raum und Zeit keine lokalisierbaren Orte. In einem nicht örtlich festzulegenden Universum gibt es auch keinen Ort, an den man gehen könnte oder müsste!

Und *was ist der Sinn und Zweck meines Lebens?* Glücklich zu sein und voller Freude an der Kreativität und Evolution des Universums aktiven Anteil zu nehmen. Das Leben wird vom universalen Spirit bzw. dem universellen Bewusstsein „erdacht“, vorgestellt und empfangen. Alle Ebenen und Dimensionen sind imaginäre Formen dieses Geistes, der sein Leela* oder Spiel ausführt.

Und *was geschieht mit mir, wenn ich sterbe?* Die Antwort ist: *Nichts passiert, weil ich nicht sterbe.* Reines Bewusstsein kann nicht zerstört werden, es kann nur auf unterschiedliche Weise zum Ausdruck gebracht werden. Wenn wir das erkennen und innerlich akzeptieren, dann befreit uns dieses wahre Wissen von der Angst vor dem Tode, da im Universum nie etwas ver-

* Leela: Begriff aus dem Sanskrit, welcher den „Tanz des Shiva“ (und der Shakti!) bezeichnet, sowie ganz allgemein die Schöpfung und Entwicklung des gesamten Universums und aller seiner Lebensformen einschließlich des Lebens der Menschen und ihre Entwicklung als ein „göttliches Spiel“ betrachtet. (Anm.d.Ü.)

loren geht, sondern immer nur transformiert wird. Wenn wir beide miteinander telefonieren und jemand die Telefonleitung irgendwo dazwischen durchtrennt, was passiert dann mit uns? Wohin gehen wir? Nichts geschieht mit uns und wir gehen nirgendwohin. Genauso ist es, wenn der physische Tod eintritt: Nichts geschieht mit uns. Gewisse Kommunikationsverbindungen, die ein bestimmtes Nervensystem benutzen, sind vorübergehend unterbrochen worden. Aber wir sind immer noch hier. Die Seele geht nirgendwohin; lediglich der Körper löst sich auf und kehrt zur Erde zurück.

Wo ist dann die Seele? Eines der größten Irrtümer besteht in der Annahme, die Seele wohne im Körper. Es gibt zwar Leute, die vielleicht sagen: „Diese Person ist gestorben und die Seele ist weggegangen", aber das stimmt nicht. Die Seele ist nicht im Körper. Die Seele projiziert sich vielmehr selbst als der Körper und als der Geist, sie manifestiert sich mittels Körper und Geist. Die Seele findet einen Ort in der Raumzeit und sendet sich selbst, sozusagen wie eine Radio- oder Fernsehsendung, mit Hilfe eines Körpers und durch ihn hindurch.

Genauso wie die Helden eines Films nicht in meinem Fernsehgerät sind, während ich den Film im Fernsehen ansehe, und wie Beethoven nicht in meinem Radio steckt, wenn ich seine Musik im Radio höre, so ist auch meine Seele nicht im Körper. Meine Seele lokalisiert sich lediglich in meinem Körper, sie findet in ihm einen Ort, in dem sie und durch welchen hindurch sie sich zum Ausdruck bringt.

Wenn wir in eine Buchhandlung gehen, finden wir dort alle möglichen Bücher über so genannte „außerkörperliche“ Erfahrungen. Das wahre Mysterium besteht jedoch darin, wie wir überhaupt eine „innerkörperliche“ Erfahrung bekommen. Zu meinen, dass unsere Seele „in einem Körper steckt und aus ihm heraus schaut“ ist zwar eine überzeugende Ansicht, die jedoch eine durch gesellschaftliche Konditionierung bewirkte Halluzination darstellt.

Die Seele existiert nicht in Raum und Zeit; sie ist jenseits der Dimensionen von Raum und Zeit. Und doch scheint alles, was wir *physisch* nennen, irgendeinen kleinen Platz in der Raumzeit einzunehmen. Der Stuhl, auf dem wir sitzen, ist an einem bestimmten Platz lokalisierbar, und das eine gewisse Zeitspanne lang. Unser Körper ist an verschiedenen Orten in der Raumzeit aufzufinden. Unsere Gedanken besetzen verschiedene Orte in der Raumzeit. Und all das ist die Manifestation unserer Seele, die sich an einem Ort zum Ausdruck bringt, die sich „lokalisiert“, obwohl sie selbst keinerlei Ort irgendwo in der Raumzeit einnimmt oder besetzt. Wir können sagen, dass die Seele transzendent ist.

Wenn wir also fragen: *„Wo ist die Seele?“*, dann stellen wir nicht die richtige Frage, weil die Frage nach dem „Wo“ einen Ort in der Raumzeit impliziert. Die Seele ist zugleich überall und nirgendwo. Sie ist allgemein überall und nirgendwo speziell.

Wenn wir über den Aberglauben des Materialismus hinausgehen, stellen wir fest, dass unser Körper-Geist ein Feld von Intelligenz ist, ein Feld unbegrenzter Lebenskraft. Die Lebenskraft drückt sich in unendlichen Verwandlungen in dieser oder jener Form aus; mal erscheint sie, dann verschwindet sie wieder. Die Lebenskraft selbst ist jedoch ewig, unwandelbar, alles durchdringend; und wir selbst *sind* diese Kraft!

Die hervorragendste Eigenschaft dieses Intelligenzfeldes ist seine Lebendigkeit. Es ist die Lebenskraft des Universums, die mit sich selbst agiert, auf sich selbst reagiert und die sich als diesen ausgezeichneten Tanz der Schöpfung, der Erhaltung und der Auflösung bzw. Erneuerung manifestiert. Diese drei Kräfte – Erschaffung oder Schöpfung, Erhaltung und Auflösung oder Erneuerung – wirken überall in der Natur.

Wenn wir das Quantenspektrum, das Feld der Quanten, betrachten, dann sehen wir, wie ein Teilchen aus der Leere, dem Vakuum, auftaucht. Das ist der schöpferische Akt. Dann wird, es zu einer Welle im Feld. Das ist der Augenblick der Aufmerksamkeit, wenn es für eine kurze Zeit aufscheint. Das verschwindet es wieder in der Leere. Das ist die Auflösung bzw. Erneuerung. In der gesamten Natur sehen wir, wie Dinge erschaffen und erneuert werden; damit sich die Erneuerung vollziehen kann, muss das Alte jedoch gehen. Auf der Ebene der Quantenmechanik erneuern wir uns fortlaufend und immerzu – auf der Ebene der Atome und Moleküle, also auf der Ebene des physischen Körpers.

Das Universum funktioniert, obwohl es zeitlos und ewig ist, mittels Zyklen der Ruhe und der Tätigkeit; es ist sozusagen einmal eingeschaltet und dann wieder ausgeschaltet. Ein und Aus bedeutet Geburt und Tod. Wir sterben ständig, um uns selbst wieder zu erneuern. Die Atome in unserem Körper schalten sich ein und aus. Die Moleküle unserer Haut schalten sich ein und wieder aus; sie sterben jeden Monat, damit wir neue erzeugen. Wenn unsere Hautzellen nicht jeden Monat absterben würden, hätten wir eine recht lederartige, ungesunde Haut.

Obwohl die Welt kontinuierlich zu sein scheint, also ständig und anhaltend zu bestehen scheint, schaltet sie sich in Wahrheit jedoch laufend ein und aus wie ein flackernde Neonreklame, die sich einschaltet, aufbaut, wieder ausgeht und so fort. Alles schwingt und vibriert, und jede Schwingung oder Vibration bedingt ein Signal, das einmal angeht und dann wieder ausgeht. Deshalb nennt man diesen Zustand Schwingung bzw. Vibration.

Wenn wir die Welt auf der Ebene der Photonen betrachten könnten, so würde sie aussehen, als ob sie sich laufend einschaltet und ausschaltet, ein und aus, ein und aus. Sogar unsere Gedanken sind Photonenhaufen, die in einer unendlichen Leere hin und her flackern, die aufblitzen und wieder erlöschen. Manche Dinge schwingen sehr schnell, andere langsamer. In einem Stein ist die Schwingung sehr langsam; in einem Gedanken ist sie sehr schnell; auf der Ebene der

Photonen verläuft sie mit Lichtgeschwindigkeit. Und dennoch ist alles eine Schwingung, die ein- und ausgeschaltet wird.

Wenn wir eingeschaltet werden, werden wir geboren. Wenn wir ausgeschaltet werden, sterben wir. Ohne das Aus gäbe es kein Ein. In jedem Aus, während jedes Aus, erschafft sich das Universum aufs Neue. Das Aus nennt man auch *Diskontinuität.* In unserem Bewusstsein erschaffen wir die Erfahrung von Kontinuität auf der Grundlage von etwas, was seinem Wesen nach nicht kontinuierlich ist. Der Grund, warum das Universum kontinuierlich erscheint, ist ein Trick unserer Sinneswahrnehmung. Unsere Sinne können keine Information verarbeiten, die mit Lichtgeschwindigkeit aus der unendlichen Leere auf- und wieder hinaus flackert oder aufblitzt und dann wieder erlischt; also erzeugen unsere Sinne die Illusion der Kontinuität.

Unsere Erfahrung der Welt ist, als ob wir einen Film betrachten. Auf der Kinoleinwand sehen wir Kontinuität, aber was sehen wir, wenn wir in den Projektorraum gehen? Wir stellen fest, dass der Film eine Kette von Standaufnahmen ist und dass zwischen den Einzelbildern kleine Zwischenräume sind. Wenn sich die Filmrolle schnell genug bewegt, bemerken unsere Augen diese Lücken nicht. Wir merken nicht das „Aus“ zwischen jedem Standbild, sondern nur das vermeintlich laufende „Ein“. Wir sehen einen Film, und der Film besteht in Wahrheit nur in unserer

Vorstellung. Denn tatsächlich blitzen oder flackern die Bilder ständig auf dem Bildschirm auf und verschwinden genauso schnell wieder.

Wenn wir Fernsehen schauen und ein Schauspieler scheint sich von hier nach dort zu bewegen, dann bewegt sich in Wahrheit kein einziges Bild über den Bildschirm. Vielmehr werden Elektronen und Photonen ein- und ausgeschaltet, nach einem festgelegten Muster. Das Ausschalten bemerken wir nicht; wir können nur den Zustand sehen, wenn sie eingeschaltet sind, weil das An- und Ausschalten so schnell erfolgt, dass unser Bewusstsein eine Kontinuität erzeugt, die in Wahrheit nicht existiert. Lichter, die rund um einen Weihnachtsbaum laufen oder Neonzeichen, die sich zu bewegen scheinen, bewegen sich nicht wirklich. Vielmehr gehen ihre elektrischen Lichter entsprechend einer bestimmten Steuerung immer wieder an und aus. Unsere Wahrnehmung kann nur das „An“ oder „Ein“ registrieren, nicht das „Aus“, und deshalb erzeugen wir in unserem Bewusstsein die Vorstellung, dass sich das Licht bewegt.

Die Welt ist die Schwingung des Unendlichen, und auf die gleiche Weise wie oben beschrieben, imaginieren wir das Universum in seiner vermeintlichen Existenz. Anders ausgedrückt: Wir erzeugen die Vorstellung, dass die Welt existiert, indem wir die ständig ein- und wieder ausgeschalteten Schwingungen des Unendlichen als eine kontinuierliche Existenz betrachten. Vedanta stellt fest: Wenn das Unendliche schwingt, dann werden daraus Welten geboren. Wenn das Unendliche nicht schwingt, scheinen die Welten wieder zu versinken. Wenn eine Fackel schnell herumgewirbelt wird, erscheint ein Lichtkreis; wenn sie still gehalten wird, verschwindet der Lichtkreis. Ob es nun schwingt oder nicht, ist das unendliche Bewusstsein doch überall und zu jeder Zeit dasselbe. Wenn man das nicht erkennt, wird man Opfer einer Täuschung; wenn man es jedoch erkennt, dann verschwinden alle Täuschungen."

Alles, was wir uns nur denken können – ein Stuhl, eine Farbe, ein Berg, ein Gedanke, ein Regenbogen – stellt nur eine unterschiedliche Schwingung derselben Essenz dar. Etwas schwingt und erschafft alles, und diese Schwingung geschieht in der Präsenz der Seele. Die Seele schwingt und erzeugt Gedanken. Die Seele schwingt und erschafft den Körper. Die Seele schwingt und erzeugt das ganze Universum. Die Weisen der Antike haben das festgestellt. Ägyptische Alchimisten haben es gewusst. Griechische Philosophen haben es gesagt. Und das sagt jeder, der irgendeine Vorstellung davon hat, wie Schöpfung erfolgt: Schöpfung ist eine Schwingung, eine Frequenz, eine Vibration.

Zu kreieren heißt, etwas ins Sein zu rufen, etwas eine Existenz zu geben. Etwas Neues zu erschaffen bedeutet, dass wir dem sterben müssen, was bisher ist. Wenn wir nicht für das sterben, was ist, dann gibt es keine Kreativität. Irgend etwas muss sterben, damit etwas Neues auftauchen kann, und unsere Seele vollzieht laufend wahre Quantensprünge an Kreativität.

Was ist ein Quantensprung? Er passiert, wenn sich ein subatomares Teilchen von hier nach dort bewegt, ohne den Raum dazwischen zu durchqueren und zu berühren. Jetzt ist dieses Teilchen hier, im nächsten Augenblick plötzlich dort! Wo war es dazwischen? Nirgendwo. Wie ist es von hier nach dort gelangt? Keine Ahnung. Und das Teilchen ist nicht von hier nach dort gelangt, sondern das auch noch ohne irgendeinen Zeitverlust. Es gab gar keine Zeit dazwischen, und es ist auch keine Zeit verstrichen, seit es von hier nach dort gelangt ist. Das ist ein Quantensprung.

Jeder Tod ist eine Chance für einen Quantensprung an Kreativität. Durch den Tod erschaffen wir uns auf jeder Ebene neu: auf der materiellen Ebene des Körper-Geistes, auf der Ebene des Intellekts, auf der Ebene der Persönlichkeit. All diese Dinge müssen sterben, damit wir uns selbst neu erschaffen können. Mit jedem Tod speichern wir die Weisheit unserer Erfahrungen seit Anbeginn der Zeit und mit jedem Tod führen wir Quantensprünge der Kreativität aus, damit wir uns anschauen können, als ob es das erste Mal wäre. Die Zyklen von Geburt, Verwandlung und Tod halten uns immer frisch, damit wir uns neue Dimensionen unserer eigenen Existenz ausmalen und vorstellen können.

In der Biologie gibt es einen Fachbegriff, der *Apoptose* heißt und einen vorprogrammierten Zelltod bezeichnet. Wenn keine Apoptose besteht, vergessen die Zellen zu sterben, und das nennt man dann *Krebs*. Krebszellen haben die Erinnerung an den Tod verloren; sie wissen nicht, wie man stirbt, und in ihrem Streben nach Unsterblichkeit töten sie den Gastkörper ab, von dem sie für ihr Leben abhängig sind.

Der Tod ist deshalb gewissermaßen „das Ticket fürs Leben“, Wo ist der Körper, den wir hatten, als wir zwei Jahre alt waren? Er ist tot. Der Körper des zweijährigen Kindes ist tot, die Gedanken des zweijährigen Kindes sind tot, ebenso seine Persönlichkeit. Wir sind als Zweijährige gestorben und haben das alles eingetauscht für die Eigenschaften des dreijährigen Kindes. Geburt und Tod passieren ständig und gleichzeitig auf allen diesen Ebenen.

Wenn Menschen also fragen, ob die Seele nach dem Tode weiterlebt, so lautet die Antwort „Ja“. Überlebt aber die Persönlichkeit den Tod? In Wirklichkeit überlebt die Persönlichkeit ja noch nicht einmal, während wir leben. Sie bleibt noch nicht einmal dieselbe in diesem Leben. Das Individuum, das wir als „Ich“ betrachten, verändert sich von Stunde zu Stunde, von Tag zu Tag, von Woche zu Woche, von Jahr zu Jahr. Wenn wir „ich“ sagen: Über welche Person sprechen wir dann? Über das unschuldige Kind, das voll Erstaunens über die Welt ist? Über den jungen Menschen, der romantische Ideen hegt und vor Idealismus birst? Über den alten Menschen, der sich am Rande der Senilität bewegt? Wenn die Persönlichkeit den Tod überlebt, über welche Persönlichkeit reden wir dann?

Die Raupe stirbt, um sich zu verpuppen. Im Schlummer der Puppe brüten die Energien und ordnen sich neu: ein Schmetterling wird geboren. Ist die Raupe dasselbe Wesen wie die Puppe oder der Schmetterling? Es ist dieselbe Intelligenz, die etwas anderes geworden ist. Und in diesem anderen ist jede Zelle anders als die früheren Zellen, ist jeder Ausdruck von Energie im neuen Körper anders. Nichts ist wahrhaft gestorben, sondern es ist nur verwandelt worden.

Die Transformation nach dem Tode ist keine Bewegung hin an einen anderen Ort oder in eine andere Zeit; sie ist nur eine Veränderung in der Qualität der Aufmerksamkeit des Bewusstseins. Sie ist eine Bedingung oder ein Zustand der Qualität der Schwingung unserer eigenen Bewusstheit. Die Welt, die wir mit Erde und Himmel, Pflanzen und Menschen, Sonne und Mond erfahren, ist eine spezielle Ausdrucksform des Bewusstseins auf einer bestimmten Schwingungsebene bzw. als eine gewisse Frequenz. Himmel und Höllen und Fegefeuer, die Erde und Sterne und Milchstraßen, die Elemente und Myriaden von Lebensformen, sie alle sind keine Orte in der Raumzeit, sondern Projektionen von Bewusstseinszuständen. Diese Bewusstseinszustände sind Schwingungsformen des unendlichen Bewusstseins, in welchem sich der Kosmos bewegt und in dem er lebt und seine Existenz besitzt. Unendliche Frequenzen von Bewusstsein koexistieren, sie bestehen zugleich nebeneinander, und so gibt es das gleichzeitige Vorhandenseins vieler Existenzebenen und Dimensionen.

Wenn wir einer Symphonie lauschen, die von einem hundertköpfigen Orchester gespielt wird, so schwingen und erklingen alle Instrumente mit unterschiedlichen Frequenzen, und doch verdrängt die Präsenz eines Instruments kein anderes. Wenn unsere Ohren nur ein einzige Frequenz hören könnten, würden wir den Rest der Symphonie verpassen und vielleicht nur ein Instrument von Hunderten hören. Wir könnten mit 99 Prozent der Musik nichts anfangen, weil wir auf deren Frequenzen nicht eingestimmt wären.

Elektromagnetische Energie, wozu das sichtbare Licht zählt, enthält in ein und demselben Lichtstrahl alle Spektralfarben. Dieselbe elektromagnetische Strahlung enthält jedoch auch unsichtbares Licht, zum Beispiel Röntgenstrahlen, Mikrowellenstrahlen, Radiowellen und Radarfrequenzen. Das sichtbare und das unsichtbare Licht sind Teil desselben Spektrums, das gleichzeitig mit unterschiedlichen Frequenzen schwingt. Das gesamte Spektrum existiert simultan nebeneinander und doch erleben wir nur das, was wir *sichtbares* Licht nennen.

Jeder „Stecknadelkopf" der Schöpfung, also jeder „Punkt", enthält all diese verschiedenen Schwingungsfrequenzen gleichzeitig; keine Frequenz verdrängt dabei irgendeine andere von ihrem Platz, weder im Raum noch in der Zeit. Wenn wir das richtige Messinstrument bzw. den richtigen Empfänger für die einzelnen Frequenzen haben, dann können wir uns auf jede beliebige Schwingung einstellen.

In diesem Augenblick sind Sie von einer unendlichen Zahl von Ebenen umgeben. All diese Schwingungsdimensionen existieren direkt „neben“ Ihnen. Im Feld der unendlichen und unbegrenzten Möglichkeiten, als reines Potenzial, existieren Sie auf allen diesen Ebenen gleichzeitig. Auf der Ebene der Sinneserfahrung existieren Sie jedoch nur auf einer Ebene – jeweils auf jener Existenzebene, die Sie gerade projizieren. Wenn Sie Ihre Wahrnehmung jetzt auf eine andere Schwingungsfrequenz ausrichten könnten, würden Sie eine andere Wirklichkeit erfahren.

Wenn Menschen so genannte Nahtoderfahrungen haben, dann haben sie einen Moment lang auf einer höheren Frequenzebene „vibriert“, sie haben eine höhere Schwingung erlebt und sind dann auf ihre normale Schwingungsebene zurückgekommen. Oft sehen die Menschen in den letzten Augenblicken vor dem Tod ihr gesamtes Leben im Bruchteil einer Sekunde wie einen rasend schnellen Film an sich vorüberziehen. Das ist so, weil diese Erfahrung durch Photonen erzeugt wird, die sich mit Lichtgeschwindigkeit bewegen. Nahtoderfahrungen bestätigen, dass jede einzelne Sekunde die Information der Ganzheit der Ewigkeit enthält. Sie zeigen auch, dass die Reise nach dem Tod in eine ortlose Dimension geht, in die Domäne der Seele.

Während der Dauer der materiellen Existenz ist unser physischer Körper der Ausdruck unserer Seele auf einer niedrigeren Schwingungsebene, welche uns die Erscheinungsform eines Wesens gibt, das in der Raumzeit örtlich lokalisierbar ist. Wir haben auch einen Astralkörper, der den physischen Körper begleitet und all dessen Energien und Informationen widerspiegelt. Nach dem Tode löst sich der physische Körper auf und lässt den Astralkörper als Ausdrucksform unserer Seele auf einer höheren Schwingungsebene zurück.

Das Wesen und die Essenz Ihres Seins ist eine unwandelbare Wirklichkeit, die ein Energiemuster erzeugt, das auftaucht und wieder verschwindet. Dieses Muster, das geboren wird und stirbt und ständig seinen Namen und seine Gestalt verändert, ist die Person, die Sie mit sich selbst verwechseln. Sie denken vielleicht, dass ein personales „Ich bin" die Ursache und Quelle all dessen ist, was Ihnen geschieht, aber das ist nicht mehr als eine Zeitungsente, das ist wie eine Halluzination aufgrund einer verzerrten Wahrnehmung. Sie müssen die Vorstellung aufgeben, dass Sie eine fest definierte Persönlichkeit wären, die in Raum und Zeit fixiert ist. Die Persönlichkeit ist nur eine Illusion. Was als das personale „Ich bin" auftritt ist das universale „Ich bin", das Sein in allen Wesen.

Das wahre „Ich bin" ist der gesamte endlose Prozess des reinen Potenzials, des reinen Bewussteins mit all seinen Möglichkeiten, das sich selbst in unterschiedlichen Verkleidungen zum Ausdruck bringt: Ich bin reines Potenzial. Ich bin das Universum. Ich bin, was immer auch geschieht oder sich vollzieht. Wenn ich nach draußen blicke und die Sterne und die Galaxien sehe, dann geschieht das und dann bin ich das auch. Ich bin das Licht und ich bin die Augen, die es wahrnehmen. Ich bin die Musik und ich bin die Ohren, welche sie hören. Ich bin der Wind und ich bin die Schwingen des Vogels, der im Wind fliegt. Es gibt kein anderes „Ich bin" als das Eine Sein, das gesamte Universum.

Das, was Sie „ich selbst" nennen, unterliegt einem ständigen Wandel und einer laufenden Transformation. Alles wird verändert und doch stirbt nichts. Der Tropfen Wasser wird zu Wasserdampf, der eine Wolke bildet, die sich als Regen niederschlägt oder als Schnee oder als Eis. Die Wolke verwandelt sich in Wasser, das Wasser transformiert sich in einen fließenden Strom und einen gefrorenen See, der wieder schmilzt und eines Tages in das Meer zurückkehrt, wo Wassertropfen wieder zu Dampf werden und aufsteigen ...

Der Ozean des unbegrenzten und unendlichen Bewusstseins gebiert Milliarden von Seelen in diese Welt. Er drückt sich als die unendliche und unbegrenzte Vielfalt des Lebens aus und doch bleibt sein Wesen immer dasselbe. Das Bewusstsein ist immer vorhanden. Es verschwindet nie, es verwandelt sich nur.

Das Gleiche gilt für uns: Wir verlieren unsere Seele nicht, unser wahres Wesen, wenn wir uns in all diese Moleküle verwandeln, all diese Geister, all diese Beziehungen. Genauso wie im Leben vollzieht sich auch jenseits des Todes eine ständige Transformation dessen, was wir das Individuum nennen. Wie es der Dichter Rumi in einem seiner bekanntesten Aussprüche formuliert hat: „Wenn ich meinem Menschsein sterbe, werde ich mich mit den Engeln aufschwingen, und wenn ich meinem Engelsein sterbe, was ich dann werde, kannst du dir nicht einmal vorstellen." Und warum können wir uns das nicht vorstellen? Weil wir, wenn wir sterben, selbst mit dabei sein müssen, um zu sehen, was in der nächsten Dimension unserer Imagination, unser Vorstellungskraft existiert.

Was bedeutet das alles nun? Es heißt einfach dieses: Sein manifestiert sich, indem es wird. Geburt und Tod, An und Aus, Freude und Leid, Nacht und Tag und die Jahreszeiten und ihr Wechsel sind nur Zyklen des Seins und Werdens. Das Universum wäre tot, es wäre statisch, es wäre ohne jeden Rhythmus, es würde nicht tanzen, sondern starr verharren, es wäre wie mumifiziert, wenn es dieses Spiel des *veda* oder reinen Wissens nicht gäbe, wenn es nicht zum *vishwa*, zum Universum würde, wenn dieser ewige Tanz der Schöpfung nicht stattfände. Diese nie enden wollende Tanz der Schöpfung ist unser essenzielles Sein, das Feld des reinen Potenzials.

Wenn Sie Ihr wahres Wesen kennen, dann werden Sie in Berührung treten mit dem Teil Ihrer selbst, der jenseits von Zeit und Raum und zugleich die Quelle von beidem ist. Sie identifizieren sich dann nicht mehr mit dem wechselvollen *Verhalten* des Ozeans des Bewusstseins und allem seinen unterschiedlichen Erscheinungsformen. Sie identifizieren sich vielmehr mit der unwandelbaren *Essenz* des Bewusstseins an sich. Wenn Sie erkennen und wissen, dass Ihr Wesen und Ihre Essenz die Einheit eines einzigen Geistes ist, eines einzigen „Spirits“, dann werden Sie auch alles andere erkennen und wissen.

Sie Sie bereit, einen Quantensprung der Kreativität zu unternehmen? Jenseits der Illusion einer materiellen und materialistischen Welt ist eine Welt von Macht, Freiheit und Gnade. Erfassen Sie Ihr wahres Wesen und Sie werden eine Reise in die Erleuchtung beginnen. Im Verlaufe dieser Reise legen Sie nach und nach Gewohnheiten und Prägungen ab, die Ihre Reaktionen bisher bedingt haben. Während Sie das tun, werden Sie zu einem spirituellen Meister bzw. zu einer spirituellen Meisterin und gehen über alles Leiden hinaus, auch über die Angst vor dem Tode. Sie erkennen, dass das wahre Ich nie geboren wurde und deshalb auch nie sterben kann. Nur das, was einen Anfang hat, hat auch ein Ende. Das, was nie begann, ist ewig und immerwährend, und das sind Sie!

## SCHLÜSSELGEDANKEN

- Wenn Sie sterben, gehen Sie nirgendwohin; Ihre Seele schwingt einfach in einer anderen Frequenz.

- Alles verwandelt sich, wird transformiert, und doch stirbt nie etwas. Wie während des Lebens, werden Sie sich auch jenseits des Todes weiterhin verändern.

- Wenn Sie sich mit dem ewigen Spirit identifizieren, mit dem unwandelbaren Wesen des Bewusstseins selbst, gelangen Sie über alles Leiden hinweg, einschließlich der Angst vor dem Tod.

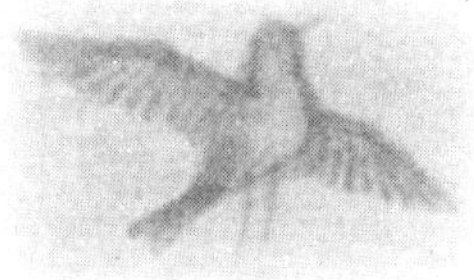

# • 6 •
# Was ist der Schlüssel zum dauerhaften Glück?

*Quelle:*
*Das, was verursacht, schöpft oder beginnt; ein Schöpfer.*

Hinter dem Vorhang Ihres Intellekts und Ihrer Emotionen ist Ihr Selbstbild oder Ego. Das Ego ist nicht Ihr wahres Selbst; es ist das *Bild*, das *Image* Ihrer selbst, das Sie langsam im Verlaufe der Zeit aufgebaut haben. Es ist die Maske, hinter der Sie sich verstecken, aber es ist nicht Ihr echtes Ich. Und weil es nicht Ihr wahres Ich ist, sondern ein „Betrüger", lebt das Ego in Angst. Es möchte Zustimmung. Es braucht Kontrolle. Und es folgt Ihnen, wohin auch immer Sie gehen.

Von Rabindranath Tagore, dem indischen Literatur-Nobelpreisträger vom Anfang des 20. Jahrhunderts, gibt es ein wunderschönes Gedicht, in dem er mit Gott spricht:

> *„Ich kam allein auf meinem Weg zum Stelldichein. Aber wer folgt mir da im stillen Dunkel? Ich gehe beiseite, um seine Anwesenheit zu vermeiden, kann ihm jedoch nicht entfliehen. Er lässt mit seinem protzigen Getue den Staub von der Erde aufwirbeln; er erhebt seine laute Stimme bei jedem Wort, das ich sage. Es ist mein eigenes kleines Ich, mein Gebieter. Es kennt keine Scham. Aber ich schäme mich, o Herr, mit ihm an deine Tür zu kommen.“*

Das Ego ist das Gefängnis, das Sie um sich selbst herum gebaut haben. Es hält Sie nun in seinen Mauern gefangen. Wie erkennen Sie, ob das passiert ist? Sie spüren das jedes Mal, wenn Sie sich in Ihrem Körper unwohl fühlen: Dann überschattet Ihr Ego Ihr inneres Selbst*. Angst, Zweifel, Kummer und Sorgen sind einige der Energien, die mit dem Ego zu tun haben.

Was können Sie da tun? Die beste Möglichkeit, solche Energie aufzulösen, ist, Ihren Körper zu spüren. Fühlen Sie einfach die Empfindungen, die an bestimmten Orten im Körper auftreten, und fühlen Sie solange in sie hinein, bis sie anfangen, sich zu zerstreuen und aufzulösen.

---

* Im Original macht Chopra ein Wortspiel, das sich nicht ins Deutsche übertragen lässt: E – G – O = Edging God Out; zu deutsch „Gott herausdrängen“. (Anm.d.Ü.)

Und wie können Sie sich aus der Gefangenschaft befreien? Sie befreien sich, indem Sie sich mit Ihrem inneren Selbst identifizieren, mit dem *wahren* Ich. Sie brechen aus dem Gefängnis der Konditionierung aus, wenn Sie sich weder irgendjemandem überlegen noch unterlegen fühlen, wenn Sie das Bedürfnis ablegen, andere Menschen zu kontrollieren, wenn Sie Raum schaffen für andere, damit sie so sein können, wie sie sind und damit auch Ihr wahres Selbst sein kann, was es ist.

Sie brechen aus, wenn Sie Ihre Standpunkte nicht mehr glauben verteidigen zu müssen, wenn Sie keine Stereotypen mehr gebrauchen, um extreme Zuneigung oder Abneigung im Hinblick auf Menschen zu äußern, die Sie kaum wirklich kennen. Sie befreien sich, wenn Sie sich weigern, den Impulsen von Ärger und Angst zu folgen, wenn Sie eher in einer Haltung der Demut handeln als voller Angriffslust, wenn Ihre Sprache eher unterstützend und fördernd als kritisch und verletzend ist: Wenn Sie sich entscheiden, nur Ihrer Liebe Ausdruck zu geben.

Und wie wissen Sie, dass Sie frei sind? Sie wissen, dass Sie frei sind, wenn Sie sich glücklich und leicht fühlen anstatt ängstlich und sorgenvoll. Sie erkennen, dass Sie befreit sind, wenn Sie nicht von den guten oder schlechten Meinungen anderer abhängen, wenn Sie das Bedürfnis nach Zustimmung aufgegeben haben, wenn Sie glauben, dass Sie so, wie Sie jetzt sind, auch „gut genug" sind. Sie wissen, dass Sie frei sind, wenn

Sie sich auf den Augenblick einlassen, auf das, was ist, und darauf vertrauen, dass das Universum Ihnen zur Seite steht. Sie wissen, dass Sie frei sind, wenn Sie Vorbehalte und alten Groll loslassen und sich dafür entscheiden zu vergeben.

Ein Gebet im bekannten spirituellen Leitfaden „Ein Kurs in Wundern" sagt, dass jede Entscheidung, die wir treffen, eine Entscheidung zwischen einem Vorbehalt oder einem Wunder darstellt. Indem wir Ressentiments loslassen, entscheiden wir uns für Wunder. Vorbehalte und Groll sind nämlich nichts anderes als Teile eines Melodramas, mit dem das Ego Geist, Spirit überschattet. Wenn Sie alle Urteile und Vorbehalte und jeden alten Groll aufgeben, dann brechen Sie wirklich aus dem Gefängnis des Egos aus, dann befreien Sie sich wirklich und finden Ihre Seele.

Die Seele ist die Quelle von Kreativität, Verständnis, Frieden, Harmonie, Lachen und allen Möglichkeiten. Sie ist ein Ort der Stille und Ruhe, der jenseits aller Bezeichnungen ist. Sobald wir jedoch Bezeichnungen wählen, sobald wir ein Etikett verwenden, erzeugen wir ein Image, ein Bild, das dann überschattet, was wahr ist.

Rumi wurde einmal gefragt: „Wer bist du?" Er antwortete:

> *„Ich weiß nicht, wer ich bin. Ich befinde mich in einer erstaunlich lichten Verwirrung! Wenn du mich mit einem Etikett versiehst und mich definierst, wirst du an dir selbst verhungern. Wenn du mich mit Namen und Be-*

*zeichnungen in einen Kasten schließen willst, wird dieser Kasten zu deinem Sarg. Ich bin deine eigene Stimme, die von den Wänden Gottes wie ein Echo zurückschallt.“*

Rumi sagt, dass wir unser Selbstbild mittels all der Bezeichnungen und Etiketten erzeugen, die andere Menschen uns geben. Ohne diese Aufkleber sind wir der freie Geist und der freie Fluss des Universums. Sobald die Namen und Etiketten auftauchen, ob sie nun gut oder schlecht sind, fängt das Selbstbild bzw. das Ego an, das innere Selbst zu überschatten.

Die Welt des Egos ist durch Zeit gebunden, sie besteht nur vorübergehend, sie ist fragmentiert, voller Angst, sehr subjektiv und persönlich, nur auf das Ich ausgerichtet, eigensüchtig und hält sich an dem fest, was schon bekannt ist. Es klebt am Vergnügen und schreckt vor Leiden zurück. Die Welt von Spirit, die Welt des Geistes, ist zeitlos und ewig, frei von Vergangenheit und Zukunft, sie ist ganz und ganzheitlich, voller Freude und fröhlich, für alle offen. Diese Welt ist real, ungeteilt, unerschütterlich, dynamisch, kreativ, autark und genügsam, machtvoll und frei von Begrenzungen, Erwartungen und Verhaftungen.

Die Welt des Geistes, Spirit, ist die Quelle aller Macht. Es gab nie eine andere Quelle und es wird nie eine andere geben. Was die Welt *Macht* nennt, ist in Wahrheit Angst, die zu Manipulation und Kontrolle von anderen führt, was wiederum Gewaltanwendung und Leiden zur Folge hat. Wahre Macht ist die Macht zu schöpfen, die Macht zu transformieren, die Macht zu lieben, die Macht zu heilen und die Macht, frei zu sein. Echte Macht erwächst aus unserer Verbindung mit unserem tiefsten Selbst, mit dem, was wahr und wirklich ist. Deshalb sind mächtige Menschen nicht „objektbezogen“, sondern „selbstbezogen“. Diese beiden Begriffe möchte ich näher erklären.

*Objektbezogen* bedeutet, dass wir uns mit unserem Selbstbild identifizieren oder mit den Objekten unserer Erfahrung, um uns selbst zu verstehen. Diese Objekte können Situationen, Umstände, Menschen oder Dinge sein. Aber immer, wenn wir uns auf Objekte beziehen, um unsere Identität zu bestimmen, funktionieren wir „objektgebunden“. Objektgebundene Menschen schätzen ein, bewerten, verstehen und versuchen sich selbst zu erkennen – aber alles durch die Augen von anderen. Das typische Merkmal von Objektbezogenheit besteht in einem konditionierten Denken und konditionierten Reaktionen; und das heißt, das Leben unter der Hypnosewirkung gesellschaftlicher Konditionierung zu führen.

Das erste Anzeichen von Objektgebundenheit ist Ermüdung. Warum? Weil wir unsere Macht dem Bezugsobjekt ausgehändigt haben. Das führt schließlich zu körperlichem Unbehagen oder sogar zu Krankheit. Objektbezogenheit ist die Grundursache dafür, sich unglücklich zu fühlen. In der vedischen Sichtweise ist der wichtigste Faktor für Gesundheit, glücklich zu sein.

Es gibt eine hübsche indische Fabel, die anschaulich beschreibt, worum es bei Objektbezogenheit geht: Es gab einmal einen Mann, der nur zwei Dinge in seinem Leben besaß, die er schätzte. Das eine war sein Sohn, das andere ein kleines Pony. Sein ganzes Leben kreiste um diese beiden Dinge; seine Wirklichkeit wurden von seiner Beziehung zu diesen bestimmt. Eines Tages verschwand das Pony. Der Mann war völlig erschüttert, weil er die Hälfte dessen, was ihm im Leben etwas wert war, verloren hatte. Er steckte tief in seiner Verzweiflung über das verlorene Pony, als dieses mit einem wunderschönen weißen Hengst zurück kam. Mit einem Schlag fühlte er sich wie im siebenten Himmel und wurde von Ekstase getragen.

Am nächsten Tag ritt sein Sohn den Hengst, fiel herunter und brach sich ein Bein. Nun stürzte der Mann wieder in tiefe Verzweiflung hinab. Er bemitleidete sich und sein Schicksal, als Soldaten der Regierung vorbei zogen und nach jungen Männern Ausschau hielten, die sie für den Krieg rekrutieren mussten. Sie zogen jeden jungen Mann aus diesem Dorf ein mit Ausnahme des Sohnes dieses Mannes, weil der ja sein Bein gebrochen hatte. Nun war der Mann wieder überglücklich. Sie können sich selbst ausmalen, dass eine solche Geschichte über Objektbezogenheit kein Ende findet, sondern dass es laufend auf und ab geht.

Dinge verändern sich; das ist ihre Natur. So lange wir uns mit Objekten identifizieren, werden wir unser wahres Wesen nie erkennen. Wenn wir uns aufgrund von Dingen bewerten und verstehen, wird unser Leben wie eine Achterbahn sein, weil die einzige Konstante im Hinblick auf Menschen, Objekte, Situationen und Umstände darin besteht, dass sie sich immer wieder verändern. Wenn unsere Identität jedoch an diese Dinge gebunden ist, dann wird unsere Identität immer instabil sein.

Das Gegenteil von Objektbezogenheit ist Selbstbezogenheit. Wenn wir auf uns selbst bezogen sind, dann identifizieren wir uns mit unserem inneren Selbst, mit der unwandelbaren Essenz unserer Seele. Wir fühlen uns immer gut, ungeachtet der Situation, der Umstände oder der Umgebung, in der wir sind. Und warum fühlen wir uns die ganze Zeit wunderbar? Weil wir uns nicht mit der Situation identifizieren. Wir sind gelöst, ungebunden, wir sind der Situation nicht verhaftet, sondern lediglich ihr *stiller Beobachter*. Wir fühlen uns gut und sind unserer selbst sicher und wir spüren kein Bedürfnis, das irgendjemandem beweisen zu müssen. Wenn wir den Drang hätten, das unter Beweis zu stellen, würden wir uns ja erneut durch die Augen anderer Menschen bewerten. Selbstbezogenheit ist ein innerer Zustand der Freude, und dieser Zustand unterscheidet sich von Glücklichsein aufgrund einer besonderen Ursache.

Selbstverständlich gibt es immer Gründe, sich zu freuen. Jemand sagt zu Ihnen „Ich liebe dich" und das macht Sie glücklich. Sie gewinnen in der Lotterie und bekommen eine Million Dollar und das macht sie glücklich. Diese Art von Freude ist der Ausdruck einer Objektbezogenheit: Sie sind aufgrund dieses oder jenes Umstands glücklich. Die innere Freude ist jedoch von der Situation, von Umständen, Menschen und Dingen unabhängig. Wenn Sie innere Freude fühlen, sind Sie grundlos glücklich. Einfach die schiere Tatsache zu leben und die Sterne anzuschauen, die Schönheit dieser Welt zu erleben, das Leben im Wunder der Schöpfung selbst zu erfahren, ist Ihre Freude und Ihr Glück.

Alles im Leben ist zeitlich bedingt und verändert sich, weil dies der Natur unserer Welt entspricht. Wenn Sie selbstbezogen sind, freuen Sie sich an der Veränderung, anstatt sich ihr zu widersetzen. Ich bin immer wieder gefragt worden: „Was ist aber mit solchen Situationen, die schwierig anzunehmen sind? Wenn etwas Schlimmes in meinem Leben passiert, wie kann ich dann glücklich sein, anstatt mich deprimiert zu fühlen und negativ?"

Nun, indem Sie zu Ihrer Quelle zurück kehren, indem Sie erkennen, dass alles, was passiert, kommt und auch wieder geht. Sie müssen eine schwierige Situation weder positiv noch negativ betrachten. Eine problematische Situation positiv zu sehen ist doch ein bisschen künstlich und aufgesetzt, nicht wahr? Wenn ich die ganze Zeit lang positiv gestimmt wäre, wäre ich zuerst einmal ziemlich langweilig. Und dann wäre es schrecklich unnatürlich. Drittens würde kein Mensch mit mir zu tun haben wollen. Schwierige Situationen immer nur negativ zu betrachten ist auch unnatürlich. Ich wäre schnell erschöpft und würde der Umwelt reichlich auf die Nerven gehen. Der beste Zustand ist, natürlich zu sein.

Ich hatte einmal eine Patientin mit einer ernsten Krankheit, die ich nie anders als in einer so genannten positiven Stimmung gesehen hatte. Sie war auf ermüdende Weise positiv und schließlich musste ich sie einfach fragen, wie sie das schaffen konnte. Sie brach quasi zusammen und sagte, dass sie schreckliche Angst davor habe, einen negativen Gedanken zu haben. Aber ist nicht eine Angst vor einem negativen Gedan-ken, die einen praktisch versteinern lässt, bereits an sich ein negativer Gedanke?

Natürlich ist es genau das, also brauchen wir unser Denken gar nicht noch weiter zu manipulieren. Wenn wir unser Denken manipulieren, ist das etwas Künstliches, etwas Gemachtes. In der vedischen Tradition nennt man das „Stimmungen erzeugen". Besser ist es, spontan zu sein, denn in der Spontaneität liegt Freude. Es ist besser, natürlich zu sein und das Universum sich durch uns hindurch spielerisch entfalten zu lassen.

Was ist eine negative Gemütslage? Eine Interpretation, eine Deutung des Lebens. Was ist eine positive Stimmung? Genauso eine Interpretation. Und der Unterschied zwischen einer positiven und einer negativen Stimmungslage ist manchmal ziemlich oberflächlich.

Wenn Sie mich fragen: „Ist eine positive Stimmung einer negativen vorzuziehen?“, würde ich mit Ja antworten. Aber sowohl eine positive wie ein negative Gemütslage kann einen recht turbulenten, instabilen Geist bedeuten, und manchmal dreht sich die Stimmungslage zwischen den beiden Zuständen sehr schnell um. Mut kann in einem Augenblick in Angst umschlagen. Liebe kann in einem Moment zu Eifersucht werden. So etwas passiert in einem aufgeregten Geist schnell.

Wichtiger als eine positive Stimmung ist ein stiller, ein schweigsamer Geist. Wir müssen lernen, über die Zustände positiver und negativer Stimmungen hinaus zu gehen, um still und ruhig zu werden, ohne Bewertung, ohne zu analysieren, ohne zu interpretieren. Anders gesagt: Wir müssen zu stillen Betrachtern werden. Im Vorgang der schweigenden Beobachtung erfahren wir innere Stille. In der Reinheit von Schweigen fühlen wir uns unserer Quelle und allem anderen verbunden. Die Neigungen, die aus dieser Verbindung mit der Quelle auftauchen, sind evolutionär und spontan. Im Schweigen fließen wir einfach mit den Gezeiten mit und werden ganz spontan frei von Urteilen, Analysen und Deutungen von Situationen, Umständen, anderen Menschen und uns selbst. Im Schweigen erwachen innere Energien aus sich selbst und führen in jeder Situation zur jeweils angemessenen Transformation.

Es gibt einen hübschen Spruch, der lautet: „Der Strom des Leben fließt zwischen den Ufern von Freude und

Leid, und man stößt an beiden Ufern immer wieder an." Das ist auch kein Problem. Das Problem entsteht, wenn wir an einem der beiden Ufer festhalten, dem guten oder dem schlechten Ufer. Wenn wir uns still und ruhig damit versöhnen, dass das Leben voller Widersprüche, Überraschungen und Veränderungen steckt, und diese annehmen, dann können wir bequem zwischen den beiden Ufern von Freude und Leid dahinfließen, dann können wir beide erleben, ohne in dem einen oder dem anderen stecken zu bleiben, dann haben wir Freiheit erlangt.

Freude und Kummer, Glück und Leiden sind das Spiel der Gegensätze. Sie sind flüchtig, ohne Dauer, weil sie an die Zeit gebunden sind. Spirit, Geist, bewusstes Sein, das Wesen, das Sie wirklich sind – das ist unabhängig vom Spiel der Gegensätze, denn es wohnt in der schweigenden Wonne des Ewigen. Wenn Sie sich als dieses Feld des reinen Bewusstseins erkennen und annehmen, dann leben Sie aus der Quelle, die Segen und Wonne *ist*. Deshalb liegt der Schlüssel für dauerhaftes Glück darin, aufzuhören, danach zu suchen und zu erkennen, dass Sie ihn bereits haben. Falls Sie nach Glück suchen, werden Sie es niemals finden. Wenn Sie meinen, es liegt gerade hinter der nächsten Ecke, dann werden Sie ein Leben lang hinter alle möglichen Ecken wandern und suchen. Der wahre Schlüssel zum Glück ist, im Feld der Intelligenz zu leben und mitzuspielen, das jenseits von positiv und negativ ist. Dieses Feld ist Ihre Quelle; sie ist zauberhaft und magisch, heilig und voller Segen, fröhlich und frei.

Glücklich sein und traurig sein sind unterschiedliche Gesichter eines unendlichen Bewusstseins. Beide gehen vorüber, und Sie sind keiner dieser beiden Gemütszustände, weil Sie kein Gemütszustand des Bewusstseins sind. Sie sind Bewusstsein selbst, das sich in all diesen Zuständen zum Ausdruck bringt. Warum sollten Sie sich mit einer einzigen Welle des Meeres oder mit einem einzigen Wassertropfen identifizieren wollen, wenn Sie der Ozean sind? Sie sind nicht der sich ständige wandelnde Zustand des Meeres. Sie sind das Wasser des Ozeans an sich. Und dieses „Wasser-Sein" an sich ändert sich niemals.

Die wahre Natur eines Menschen ist Sein; und das ist nicht Denken. Um dauerhaftes Glück zu erfahren, müssen Sie an einen Platz jenseits von Denken gelangen und inneren Frieden erfahren. Sie brauchen dazu keine positive Einstellung. Sie müssen Ihre Trauer nicht von sich streifen und Freude hereinbringen. Sie müssen über beide hinaus gehen; sonst wäre es ja nur eine andere Form des positiven Denkens. Sie müssen über die Welt der Dualität hinausgehen und in das Feld des reinen Potenzials gelangen und aus Ihrer Quelle leben.

Rumi sagt in einem seiner Verse: *„Draußen, jenseits von Vorstellungen über rechtes Handeln oder falsches Handeln, gibt es ein Feld. Dort werde ich dir begegnen."*

Dieses Feld liegt nicht im Bereich des Denkens. Es ist jenseits aller Konzepte, Ideen und Interpretationen. In diesem Feld, über das Rumi spricht, ist die Macht vorhanden, um Ihre Wünsche zu manifestieren; dort ist Freiheit von Angst und Begrenzungen. Dort ist der Glücksfaktor, den man Gnade nennt und der in der Erfüllung von Wünschen durch Synchronizität und Unterstützung durch die Naturgesetze besteht.

Zunächst müssen Sie jedoch die Dualität überwinden, die Etiketten von Gut und Schlecht, Richtig und Falsch. Gerade so wie Wahrheit, Güte, Harmonie und Schönheit spontane evolutionäre Impulse des Universums darstellen, so sind auch Böses, Trägheit, Chaos, Verwirrung und Zerstörung spontane Impulse im Entwicklungsverlauf des Universums. Die Spannung zwischen diesen beiden Polen gibt dem Leben Sinn. Was wäre das Leben, wenn es diesen Kontrast nicht gäbe? Das Leben wäre langweilig. Haben Sie schon einmal einen Film gesehen, in dem alles wunderbar ist? Das ist schlicht langweilig!

Die ganze Schöpfung ist Kontrast, Spannung, göttliche Unzufriedenheit. Wenn es nur Wahrheit, Güte, Harmonie und Schönheit gäbe, würde das Universum expandieren und verschwinden. Es muss etwas geben, das es zurück hält. Wenn es nur die zerstörenden und trägen Kräfte gäbe, dann würde sich das Universum schnell im Hitzetod verbrennen. Es würde in ein schwarzes Loch zusammenfallen und ... schwusch ... verschwunden sein. Also gibt es beides. Es gibt das *Spiel* zwischen beidem, sonst würde diese Welt nicht existieren.

Jede Erfahrung im Leben beruht auf Kontrasten, weil das Universum mit Hilfe von Kontrast schöpferisch erzeugt: Licht und Dunkel, Freude und Leid, Geburt und Tod, Heiß und Kalt. Wenn es keine Kontraste gäbe, gäbe es auch keine Erfahrungen. Es gibt Vergnügen, weil es Leid gibt; es gibt Freude, weil es Kummer gibt; es gibt Heiß, weil es Kalt gibt; es gibt Reichtum, weil es Armut gibt; es gibt Mut, weil es Angst gibt; und schließlich gibt es auch Liebe nur deshalb, weil es ihr Gegenteil ebenfalls gibt. Wenn wir beide Pole nicht kennen, ist einer allein bedeutungslos und kann gar nicht erfahren werden. Es gibt in Indien diesen Spruch: „Ein blind geborener Mensch kann gar nicht wissen, was Dunkelheit ist, weil er nie das Licht erlebt hat."

Der Geist wird von gegensätzlichen Energien gebildet, die das Feuer des Lebens entzünden und erschaffen. In uns allen ist sowohl das Göttliche wie das Diabolische, der Sünder und der Heilige bzw. die Sünderin und die Heilige, das Heilige und das Profane. In uns steckt verbotene Lust und bedingungslose Liebe, die Seligkeit des Paradieses und die dunkle Nacht der Seele. Wir sind all diese Dinge, weil wir ein Feld von Möglichkeiten sind. Stellen Sie sich einmal eine ganze Welt von Pollyannas* vor. Würden Sie in einer *solchen*

---

* Pollyanna: amerikanischer Begriff für eine Person, die als übertrieben gutgläubig wirkt, alles durch eine rosafarbene Brille sieht und um sich herum ein süßliches Zuckerwattegefühl verbreitet; nach einer eigentlich nur positiv dargestellten Heldin, einem jungen Mädchen, in einem Roman der amerikanischen Schriftstellerin Eleanor Hodgman Porter (1868-1920); (Anm.d.Ü.).

Welt wirklich leben wollen? Wenn wir im Licht stehen, dann werfen wir einen Schatten. Wenn wir keinen Schatten haben, stehen wir im Dunkel. Der Schatten ist der Teil von uns, dessen wir uns schämen und den wir vor anderen Menschen verheimlichen wollen. Es ist der Teil von uns, den wir im Schrank verstecken. Der Schatten ist dunkel, er ist heimlich, primitiv, von Mythen verschleiert. Wenn wir den Schatten ignorieren, neigt er dazu zu sagen: *„Na gut, ich werde dich bloßstellen und das wird dir peinlich sein. Ich will, dass du mich beachtest."*

Wenn Sie so genannte positive und negative Eigenschaften zeigen, dann ist nichts an Ihnen mangelhaft oder falsch, sondern Sie sind einfach ein vollständiger, ein ganzer Mensch. Wenn Sie mit Ihrem Schatten gut zurecht kommen, wenn Sie Ihren Schatten anerkennen und annehmen, weil das unendliche Bewusstsein Sie so geschaffen hat, dann wirken Sie über alle Maßen anziehend, Sie sind regelrecht attraktiv und Ihr Leben wird zu einem wundervollen Abenteuer. Es ist völlig natürlich für uns Menschen, dass wir uns mit unserer Polarität und unserer Vieldeutigkeit wohl fühlen, und es gibt nichts Schöneres, als natürlich zu sein.

Wenn Sie sich wohl fühlen sowohl im Hinblick auf Ihre Stärken als auch auf Ihre Schwächen, dann strahlen Sie schlichte, unaffektierte Menschlichkeit aus. Das ist die Essenz von Liebenswürdigkeit und davon, liebenswert zu sein, weil Sie nicht mehr Verhaltensmuster unterworfen sind, die Liebe forttreiben. Sie schauen sich nicht ständig nach Zustimmung um, indem Sie denken: *„Was werden die anderen von mir halten? Bin ich überlegen oder unterlegen? Mögen mich die Leute oder lehnen sie mich ab?"* Sie vergleichen sich nicht immerzu mit einem Ideal, das gar nicht existiert. Ihr Ego sagt Ihnen nicht: *„Ich bin nicht gut genug. Ich bin nicht hübsch genug. Ich bin nicht reich genug."*

Wenn Ihr Erleben Ihrer selbst objektbezogen verläuft, dann beruht es auf Ängsten und Sie lehnen dann das ab, was ist. Wenn Ihre Erfahrung von sich selbst selbstbezogen ist, dann beruht sie auf Liebe und der Annahme dessen, was ist. Selbstbezogene Menschen sind natürlich und werden von den Ansichten anderer Menschen nicht beeinflusst. Es sind unschuldige, einfache und kindliche Menschen: *Danke, Gott, dass du mich so geschaffen hast, wie ich bin. Ich habe Gutes und ich habe Schlechtes, ich habe einfach alle Dinge in mir. Ich bin vollständig und ganz.* Selbstakzeptanz, *totale* Selbstakzeptanz, bedeutet Selbstvergebung. Wenn Sie sich selbst vergeben und aufhören, sich zu be- oder verurteilen, dann werden Sie auch andere Menschen nicht bewerten und es wird weniger Konflikte in der Welt geben.

Jede Beziehung ist ein Spiegel für das Selbst. Menschen, zu denen Sie sich tief angezogen fühlen oder solche, die Sie sehr ablehnen, sind beide gleichermaßen Spiegel für Sie. Sie fühlen sich von Menschen angezogen, die Züge besitzen, die Sie schon haben, aber von denen Sie noch mehr möchten. Sie fühlen sich abgestoßen von Menschen, die Züge tragen, die

Sie an sich selbst ablehnen, und es sind diese Eigenschaften, die Sie abstoßen. Schreiben Sie diese Eigenschaften auf. Das ist wer Sie sind. Und wenn Sie sich so annehmen, wie Sie sind, und wenn Sie sich so lieben, wie Sie sind, dann werden Sie unglaublich attraktiv, weil Sie dann ganz natürlich sind.

Warum sollen Sie sich nicht selbst unwiderstehlich machen? Nehmen Sie Ihren Schatten an, verstehen Sie Ihren Schatten, vergeben Sie ihm. Akzeptieren Sie die Tatsache, dass Sie eines der unzähligen Gesichter des Göttlichen sind. Sie selbst sind der Gefangene und Sie sind auch das Gefängnis; Sie sind der Wärter und Sie sind auch die Freiheit. Ihr Schicksal ist es, eine schier unendliche Zahl von Rollen zu spielen, aber Sie sind nicht die Rollen, die Sie spielen.

Jetzt gerade spiele ich die Rolle eines Autors. Wenn ich an meine Kinder denke, dann spiele ich die Rolle eines Vaters. Wenn ich an meine Frau denke, spiele ich die Rolle eines Ehemanns. Wenn ich an meine Eltern denke, dann spiele ich die Rolle eines Kindes. Wenn ich an einen Patienten denke, spiele ich die Rolle eines Arztes. Aber ich bin keine dieser Rollen, die ich spiele. Ich bin ewiger Spirit, der schweigende Betrachter, der diese Rollen spielt.

In der langen Kette von Leben und Sein, in der Geburt und Tod den ersten und letzten Akt des ewigen Dramas der Existenz darstellen, haben wir alle viele Zeitalter hindurch schon eine bald unendliche Anzahl von Rollen gespielt, die jenseits unserer Vorstellungskraft liegen. Sogar nach dem Tode wird unser Spirit, unser Geist bzw. Bewusstsein, damit fortfahren, andere Rollen zu spielen.

Wenn wir von den Rollen, die wir spielen, unabhängig sind, und diese Rollen dennoch voller Leidenschaft spielen, dann verwirklichen wir ein gelöstes Engagement. Wir werden im 8. Kapitel sehen, wie das ganz natürlich geschieht, wenn wir uns für das kosmische Bewusstsein öffnen. Wir sind dann involviert und engagiert, wir nehmen aktiven Anteil, und doch sind wir zugleich frei und unabhängig. Im kosmischen Bewusstsein beginnt der gesamte Vorgang des Lebens mühelos zu erblühen. Wir erleben mehr Freude, größere Leichtigkeit und einen Zustand der Gnade, weil wir der universellen Intelligenz erlauben, sich selbst durch uns auszudrücken und „auszuspielen".

Was auch um Sie herum passieren mag: Es ist zeitlich bedingt, es ist flüchtig. Wenn es sich um Freude und Vergnügen handelt, können Sie sicher sein, dass ein bisschen vom Gegenteil gerade hinter der nächsten Ecke lauert. Wenn es Kummer und Leiden sind, können Sie sicher sein, dass ein bisschen vom Gegenteil Sie ebenfalls hinter der nächsten Ecke erwartet. Im kosmischen Bewusstsein sind Sie jedoch unabhängig vom Spiel der Gegensätze; Sie sind unabhängig sowohl von Hoffnung als auch von Verzweiflung. Hoffnung ist nichts als ein Anzeichen für Verzweiflung. Wenn Sie sagen: „Ich habe Hoffnung", drücken Sie damit aus, dass Sie eigentlich verzweifelt sind. Sie müssen über Hoffnung und Verzweiflung hinausgehen, und das schaffen Sie nur, wenn Sie sich auf die Weisheit dessen einlassen und „erden“, der Sie wirklich sind – nicht mental, sondern in Ihrer eigenen Erfahrung.

Alles und jedes im Leben können wir meistern, wenn wir die Wahrheit dessen erfahren, wer wir sind. Wenn unser Geist erst einmal in der freien Natur, im ungebundenen Wesen des reinen Bewusstseins aufgegangen ist, werden wir vom Spiel der Gegensätze, Widersprüche und Polaritäten nicht mehr länger durcheinander gebracht. Wir betrachten dann die Welt der Dualität, leben indes im Feld des reinen Potenzials. Diese Art von Leben ist die Quelle des dauerhaften Glücks – die Quelle von Macht, Freiheit und Gnade.

## SCHLÜSSELGEDANKEN

- Der Schlüssel zum dauerhaften Glück besteht darin, dass Sie sich mit der unwandelbaren Essenz Ihres inneren Selbst identifizieren, mit Ihrer Quelle. Dann suchen Sie nicht mehr länger nach Glück, weil Sie wissen, dass Sie es bereits haben.

- Noch wichtiger als ein positiv eingestellter Geist ist ein stiller Geist. Ein schweigender Geist urteilt nicht, analysiert nicht, interpretiert nicht.

- Wenn Sie alle Widersprüche annehmen können, die das Leben bietet, wenn Sie bequem zwischen den Ufern von Freude und Genuss einerseits und Schmerz und Leid andererseits hin und her fließen und dabei beides erfahren können, ohne an einem festzuhalten, dann haben Sie Freiheit erreicht.

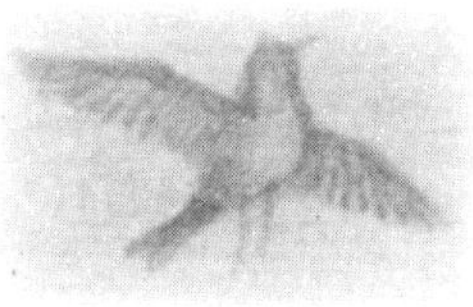

• 7 •

# Wie kann ich in anstrengungsloser Leichtigkeit leben?

*Flow, Fluss:*
*Leicht und elegant ununterbrochen dahin fließen;*
*Loslassen und Spaß am Dasein haben.*

Wenn Sie empfangen werden, sind Sie nicht mehr als der Doppelstrang einer DNS, ein Fleckchen von Information und Intelligenz, der sich in hundert Billionen Zellen differenziert, die dann zu einem voll ausgebildeten Baby mit Augen, Nase, Ohren, Gehirn, Armen, Beinen, Füßen und Genitalien werden. Sie haben nichts dazu getan, dass sich das ereignet, und doch passiert es Ihretwegen. In dieser Blaupause, in diesem Pünktchen oder Fünkchen von Informationen, steckt ein Plan, wann Ihre Zähne wachsen sollen, wann Sie die Pubertät erreichen werden, wann Sie Sexualhormone erzeugen können, um ein weiteres menschliches Wesen hervorzubringen. All das steckt in diesem Pünktchen, alles vollzieht sich mit müheloser Spontaneität, ohne jeden Widerstand. Der Impuls des Universums kommt durch Sie hindurch in Gestalt dieses Doppelstrangs der DNS mit ihrer gesamten genetischen Information.

Wenn Sie also hundert Billionen Zellen ohne jede Verwirrung herstellen können, wenn jede Zelle ihre eigene einzigartige Aufgabe erfüllen und ihre Tätigkeit mit jeder anderen Zelle ohne jede Verwirrung abstimmen kann, dann ist das so, weil die Intelligenz des Universums durch dieses Pünktchen DNS fließt, das Sie noch nicht einmal unter dem Mikroskop sehen können. Das Beste, was Sie dabei tun können, ist, diesen Abläufen und Vorgängen freien Lauf zu lassen, es einfach geschehen zu lassen. Es ist nicht sehr klug, da eingreifen zu wollen.

Und wie stören Sie den Fluss dieser Intelligenz? Spirituell betrachtet können wir sagen, dass Sie dann eingreifen, wenn Sie sich mit Ihrem Selbstbild identifizieren und dabei Ihr inneres Selbst verlieren; wenn Sie also Ihr Gefühl für die Verbindung mit Ihrer Seele, mit Ihrer Quelle verlieren. Allgemeiner gesehen, können wir sagen, dass Sie den Fluss der universellen Intelligenz stören, wenn Sie anfangen, sich Sorgen zu machen, wenn Sie beginnen, Probleme zu erwarten und vorauszusehen, wenn Sie darüber nachdenken, was schief gehen könnte. Wenn Sie alles zu kontrollieren versuchen, wenn Sie Angst haben, wenn Sie sich isoliert fühlen – dann sind das alles Dinge, die den Fluss der Intelligenz der Natur stören.

Ihr inneres Selbst ist Ihre angeborene Intelligenz; es ist das Sein, das im Werden begriffen ist, das dabei ist, sich zu entfalten. Es ist Ihre Fähigkeit zu kreieren, zu wachsen, sich zu entwickeln und auszudrücken. Ihr Selbstbild ist die Prägung oder gar Indoktrination durch Umwelt, Erziehung und Gesellschaft; es ist das Image, das Sie von sich selbst geformt haben auf der Grundlage dessen, was andere Leute von Ihnen halten bzw. über Sie denken. Sobald Sie Ihr Selbst dem Selbstbild opfern, verlieren Sie Ihre Göttlichkeit an etwas, was illusorisch ist, was unecht ist und noch nicht einmal existiert. Das Selbstbild ist eine Form von Halluzination, und obwohl es unwahr ist, greift es in den Fluss der Intelligenz ein und stört ihn.

Angeborene, natürlich innewohnende Intelligenz ist spontan, intuitiv, evolutionär und ganzheitlich. Sie ist der Fluss des gesamten Universums, der durch Sie hindurchfließt. Angst, Zweifel, Sorgen und Kummer versetzen Sie jedoch in einen verspannten Zustand, der in den spontanen Fluss der Intelligenz eingreift. Was wir *Stress* nennen, ist in Wahrheit all das, was den Fluss der Intelligenz behindert und begrenzt, der dabei ist, sich vom Unmanifestierten, Ungeschaffenen zum Manifesten, Geschaffenen zu bewegen.

Jedes Mal, wenn Sie einen Widerstand, ein inneres Widerstreben spüren, jedes Mal, wenn Dinge schief gehen, jedes Mal, wenn Sie sich frustriert fühlen, jedes Mal, wenn Sie sich zu sehr anstrengen müssen, verbinden Sie sich nicht mit Ihrer Quelle, mit dem Feld des reinen Potenzials. Der Zustand der Angst ist ein Zustand der Getrenntheit; das ist ein Widerstand gegen das, was ist. Wenn Sie keinen Widerstand haben, dann verläuft alles spontan, alles ist mühelos und einfach.

Das Bewusstsein ist örtlich nicht gebunden und im Prinzip überall; durch den Prozess der Aufmerksamkeit lokalisieren wir es. Wenn wir wollen, dass etwas zu unserer Lebenserfahrung wird, dann richten wir unsere Aufmerksamkeit darauf aus, dann lenken wir unser Bewusstsein darauf. Wenn wir nicht wollen, dass etwas zu unserer Lebenserfahrung wird, dann wenden wir unsere Aufmerksamkeit davon ab. So funktioniert sogar die gesamte Schöpfung: Eine bestimmte Qualität seiner Aufmerksamkeit richtet das Selbst auf sich selbst.

Gerade jetzt sind Sie sich vermutlich nicht dessen bewusst, dass Ihr Fuß die Sohle des Schuhs berührt und dass Ihre nackte Haut Ihre Kleidung berührt. Sobald Sie Ihre Aufmerksamkeit darauf richten, wird Ihnen das zur Realität und Gewissheit. Das Grundprinzip dabei ist: Das, worauf Sie Ihre Aufmerksamkeit lenken, wird in Ihrem Leben stärker.

Wenn Menschen leiden, versuchen sie das Leid zu vermeiden oder ihm zu entkommen. Je mehr sie das versuchen, desto mehr wird ihre Aufmerksamkeit auf die Idee von Schmerz gerichtet. Die *Idee* von Leid wird vergrößert und das führt natürlich zu noch mehr Schmerz. Wenn Sie zum Beispiel Kopfschmerzen haben und sie loswerden wollen, dann bleiben Sie einfach bei den Kopfschmerzen, spüren Sie die Schmerzen. Analysieren Sie nicht, interpretieren Sie nicht und versuchen Sie nicht, die Schmerzen zu bewerten. Spüren Sie einfach mit voller Aufmerksamkeit dieses Gefühl. Wenden Sie Ihr Bewusstein ganz dieser Empfindung zu und Sie werden feststellen, dass sich die Empfindung auflöst. Reines Bewusstsein besitzt Heilkraft und ist selbst heilsam. Wenn Sie also Ihre Aufmerksamkeit auf eine Schmerzempfindung richten, gelangt Bewusstsein dorthin und erfüllt diesen Bereich mit der heilenden Kraft des Lebens. Wenn Sie jedoch Ihre Aufmerksamkeit auf die Vorstellung, die Idee von Schmerzen lenken, dann wird das Leiden noch deutlicher spürbar.

Wenn Sie über das Denken hinausgehen, über die Idee von Leid, dann sind Sie Sein. Und wenn Sie Sein sind, dann denken Sie nicht. Von dieser Ebene der Bewusstheit aus richten Sie einfach Ihre Aufmerksamkeit auf den Körper, als ob Sie ein Betrachter, ein Beobachter wären. Sie denken nicht dies oder jenes, Sie hegen keine Ansichten oder Vorstellungen, sondern sind einfach bewusst und wach. Alles, was Sie denken können, ist eine Meinung, eine Ansicht. Schmerz ist eine Vorstellung, Leiden ist eine Vorstellung; Glücklichsein ist eine Vorstellung; Zeit ist ebenso wie Reichtum oder Armut eine Vorstellung, eine Meinung oder Ansicht. Es gibt nichts, das jetzt existiert, das nicht zuvor eine Vorstellung war, eine Idee, ein Konzept oder irgendeine Form von Wunsch oder Wille. Die *Quelle* des Denkens, der *Denkende* hinter den Gedanken ist jedoch keine Vorstellung. Er bzw. es ist reines Sein, reines Potenzial.

Was macht Sein, um sich als Materie zu manifestieren? Es hat eine Idee, eine Vorstellung. Und diese Vorstellung „verortet" sofort und unmittelbar im Feld aller Möglichkeiten diese oder jene Realität. Die Schriften sagen: Am Anfang was das Wort und das Wort ward Fleisch und das Wort war mit Gott. Genau so funktioniert Manifestation. Was ist das Wort? Das Wort ist eine Idee, eine Vorstellung, ein Konzept; dieses Konzept ist die spontane Manifestation eines Bewusstseinsimpulses. Das ist schon alles.

Sein ist kein Konzept, weil Sein nicht in Vorstellungen und Pläne, Konzepte und Ideen gefasst werden kann; es ist jenseits von all dem. Sein hat keinen Anfang in der Zeit und kein Ende nach Maßstäben der Zeit; Sein hat keine Begrenzung oder definierte Oberfläche im Raum. Wir sind wirklich wesenhafte Menschen und nicht menschliche Wesen*. Wir haben den Modus gefunden, uns in der Form von Menschen zum Ausdruck zu bringen, aber vom Wesen her sind wir reines

* Im Original: *We are really human beings instead of human beings.*

Sein. Das mag wie eine abstrakte Vorstellung klingen, aber wenn Sie über das Denken hinausgehen und reines Sein erfahren, dann werden Sie feststellen, dass es das nicht ist.

Die meisten Menschen halten und kleben an Konzepten und Vorstellungen fest, anstatt an der Erfahrung des Seins. Das ist, als würden wir die Landkarte für die Landschaft halten. Die Landschaft ist die Erfahrung von Sein, und das ist die Wirklichkeit, die wir eigentlich erleben möchten. Die Landkarte ist nur das Etikett, der Aufkleber einer Landschaft. Doch identifizieren wir uns meistens mit der Landkarte. Wir haben noch nicht ein für alle Mal verstanden, dass wir nicht das Denken sind, sondern derjenige, der das Denken hervorbringt.

Sein ist die Quelle des Denkens, und aus dieser Quelle entspringt auch die Erfüllung von Wünschen. Was sind Wünsche? Ein Wunsch ist reines Potenzial, das danach strebt, sich zu manifestieren. Die Erfüllung von Wunschstreben setzt jedoch voraus, das wir erst SIND; dann wird bereits eine einfache Vorstellung in unserem Bewusstsein spontan die Realität erschaffen. Das ist die „Mechanik" von Schöpfung, so funktioniert das Universum, wenn es sich manifestiert. Das Universum stellt ein Feld aller Möglichkeiten dar, das mit sich selbst im Austausch steht, das mit sich selbst interagiert. Das ist der Grund, warum in jedem Wunsch bereits die Möglichkeit angelegt ist, dass er sich spontan erfüllt. Alles, was es dazu bedarf, ist

Aufmerksamkeit und der Verzicht darauf, einzugreifen und den Fluss zu stören.

Wenn ich den Wunsch habe, von hier nach dort zu spazieren, macht mein Körper das. Ich gebe meinem Körper dabei keine vollständigen verbalen Anweisungen, dass er von hier dorthin geht; es geschieht spontan. Wenn ich am Abend schlafen gehen, lege ich mich nicht ins Bett und sage: „So, lieber Körper, verändere deinen Zustand von Wachheit zu Schlaf." Ich *versuche* nicht, schlafen zu gehen. Im Wunsch steckt bereits auch die „Mechanik", die Funktionsweise, wie der Wunsch erfüllt wird: Die Transformation meiner Physiologie vom Wach- in den Schlafzustand vollzieht sich spontan. Alles, was sich in meinem Körper rührt, ist ein gewisser schwacher Wunsch. Je weniger ich mich darum kümmere, wie er in die Tat umgesetzt wird, desto effizienter passiert das. Sobald ich mir um die Funktionsweise Sorgen mache, wie der Wunsch Wirklichkeit werden kann, verliert er seine Effizienz und ich störe den Fluss der inneren Intelligenz nur.

Was der Wunsch oder das Streben, die Sehnsucht oder das Wollen aus sein mögen: Wir sollten nicht eingreifen und keine Störung im Fluss der Dinge verursachen. Eingreifen und Stören führt zu unerwünschten Ergebnissen; wir greifen allerdings in die Manifestierung des Wunsches ein, indem wir uns zu sehr anstrengen, indem wir mit zu viel Einsatz ein bestimmtes Ergebnis erzwingen wollen. Auch unsere Zweifel stören, oder wenn wir uns nach den Ansichten anderer

Leute richten, wenn wir unser ganzes (vermeintliches) Glück an das erwünschte Resultat heften und uns darin verlieren, anstatt einfach zu sein und die Vorstellung, den Wunsch, nur zu hegen.

Wenn Sie einen Fußballspieler auf das Tor schießen sehen und der Torwart dem Ball hinterherhechtet, denken diese beiden Spieler dabei darüber nach, wie die Bewegungsabläufe funktionieren? Nein, natürlich nicht. Ihre Aktionen sind völlig spontan. Sogar bevor der Feldspieler auf das Tor schießt, fängt der Torwart an, sich zu bewegen und setzt dabei nonverbal, also ohne jede spezielle wörtliche oder gedankliche Aufforderung, seinen Bewegungsapparat in Gang. Wenn der Wunsch, etwas zu tun, zu fließen beginnt, sind Gedanken überhaupt nicht beteiligt; alles passiert ganz natürlich. Die Spieler bewegen sich spontan und mühelos in die richtige Richtung. Darin liegt der Schlüssel zur Erfüllung jedes Wunsches, und das ist auch der Schlüssel zu wirkungsvollen Aktionen.

Das Universum drückt sich durch müheloses SEIN aus. Es ist reines Potenzial, das sich manifestiert, indem es wünscht und einfach loslässt. Gute Musiker werden Ihnen erzählen, dass sich Spitzenleistungen dann einstellen, wenn sie die Musik gar nicht von sich aus zu spielen scheinen, sondern die Musik gewissermaßen durch sie hindurch wie von selbst erklingt. Vollendete Tänzerinnen und Tänzer werden ebenfalls davon berichten, dass sie sich gar nicht so fühlen, als ob sie tanzten, sondern dass sich der Tanz selbst durch den Tänzer oder die Tänzerin Ausdruck verleiht. So schreiben inspirierte Dichter: die Worte fliegen ihnen einfach zu. Das ist eine Art des magischen Denkens, und wenn Sie erst einmal ein wenig davon gekostet haben, reicht das aus, um Ihr ganzes Leben zu verändern.

Wenn Gärtner Samen aussäen, unternehmen sie keine besonderen Anstrengungen, um den Samen zum Keimen zu verhelfen; sie zweifeln nicht daran, dass die Samen zu Pflanzen heranwachsen. Die Meinung anderer Leute kann sie in ihrer Überzeugung nicht irritieren, dass in jedem Samen alles vorhanden ist, um eine Pflanze heranzubilden. Die meisten Gärtner verlieren sich auch nicht völlig in Sorgen um die Ergebnisse ihrer Arbeit, sondern Sie wissen, dass es Resultate geben wird.

Wenn wir unsere Macht im Hinblick auf unsere Wünsche wirksam einsetzen möchten, müssen wir unsere Bindung an das Ergebnis aufgeben; wir dürfen nicht wie gebannt und völlig abhängig von dem erwünschten Resultat sein. Selbstverständlich ziehen wir ein bestimmtes Ergebnis allen anderen Folgen vor, aber wir müssen daran nicht regelrecht „kleben".

Bindung, an etwas zu haften, ist eine Form von Angst, Zweifel und Sorge. Das behindert den Fluss der natürlichen Intelligenz. Wenn wir einen Wunsch haben, kennen wir unsere Absicht, und wir lassen dann einfach los und vertrauen dem Universum, alle Einzelheiten zu organisieren, die zu seiner Verwirklichung führen. Es gibt dann keine Sorgen, wie das

Ergebnis wohl aussehen wird. Wir entsenden unseren Wunsch einfach aus unserem Herzen in das Universum und lassen ihn mit dem Impuls des Universums durch uns hindurchfließen. Je mehr wir uns lösen und loslassen, desto spontaner werden unsere Wünsche erfüllt.

Die überlieferte Meinung zu Leiden ist bekanntlich: „Ich muss schwer arbeiten, um meine Ziele zu erreichen, und je härter ich arbeite, desto mehr meiner Ziele werde ich erreichen können." Das ist eine sehr vom Westen geprägte Ansicht, aber funktioniert die Natur so? Stellen wir irgendeine schwere Anstrengung fest, wenn Zugvögel von Sibirien auf die südliche Halbkugel fliegen? Haben wir es mit harter Arbeit zu tun, wenn wir betrachten, wie die Intelligenz des Körper-Geistes unzählige Tätigkeiten gleichzeitig vollbringt und sich dabei noch auf die Bewegungen im gesamten Kosmos abstimmt? Erleben Sie einen mühevollen Einsatz mit, wenn aus einem Samen ein Baum wird, der schließlich Früchte trägt?

Die Natur funktioniert jedoch mit optimaler Effizienz; ihr Prinzip ist: „Tu weniger, erreiche mehr." Das ist das Naturgesetz der geringsten Anstrengung, des geringsten Widerstands. Wenn wir die Art und Weise spiegeln wollen, wie die Natur funktioniert, dann können auch wir weniger tun und mehr vollbringen. Wir können in das Feld des Schweigens eintreten, aus dem alle schöpferische Fähigkeit entspringt. Wir können einen Wunsch hegen, ihn dann loslassen und einfach zuschauen, wie die Ergebnisse eintreffen. Und wenn die Dinge nicht so zu laufen scheinen, wie wir uns das denken, dann lassen wir unsere Vorstellung los, wie die Welt sein sollte und vertrauen einfach darauf, dass wir zumindest im Augenblick nicht das Ganze übersehen und einschätzen können. Im Ganzen gesehen ist die Entwicklung, wie sie jetzt verläuft, gut für uns. Wir begreifen, dass unser Leben einen Sinn hat, der sich in den übergeordneten Sinn des Kosmos einfügt. Deshalb ist unsere Einstellung von Gelöstheit und Akzeptanz geprägt, weil wir ja wissen, dass das Universum auf unserer Seite ist.

Das Universum kümmert sich um alle Einzelheiten für alles und jeden, und wir wissen, dass es das auch für uns tut. Wir haben volles Vertrauen in die universelle Intelligenz, die sich ja immerhin bereits um alle Details der Funktionen unseres Körper-Geistes kümmert. Diese Intelligenz managt alle Einzelheiten in der Natur und der Welt, und sie hält auch die Sterne und Planeten auf ihrer Bahn. Wenn wir ihr vertrauen, dass sie all das schafft, dann können wir dieser universellen Intelligenz auch die Details unseres Wunsches und seiner Verwirklichung anvertrauen.

Eine wichtige Voraussetzung, um den Zustand von Gnade zu erfahren, ist das Vertrauen in die unbegrenzte Macht der Natur, Dinge und Abläufe zu organisieren und zu korrelieren. Wenn wir im Zustand der Gnade sind, dann leben wir voller Leichtigkeit, es gibt keine Anstrengungen oder gar Kämpfe um etwas, weil wir der Intelligenz der Natur vertrauen. Wir greifen nicht ein, wir bleiben gelöst, halten uns sozusagen heraus und stören nicht weiter.

Erinnern Sie sich daran: Gärtner säen und überlassen es dann den Pflanzen zu wachsen. Sie wenden dem Garten selbst ihre Aufmerksamkeit zu, ihr ungeteilte Aufmerksamkeit, und sie zweifeln nicht an den Vorgängen der Natur. Für Sie kann dasselbe gelten.

Stellen Sie ein Ziel in den Mittelpunkt Ihrer Aufmerksamkeit, wenden Sie sich ihm bewusst zu und zweifeln Sie nicht. Bleiben Sie gelöst und mühelos in Ihrer Einstellung, und Ihr Wunsch wird sich erfüllen. Wünsche sind wie Samen, die in der Erde gelassen werden. Sie warten auf die richtige Jahreszeit und dann erblühen sie ganz spontan zu wunderschönen Blumen und majestätischen Bäumen.

## Schlüsselgedanken

- Sie können in müheloser Leichtigkeit leben, wenn Sie der universellen Intelligenz erlauben, ohne jedes Eingreifen in Form von Angst, Widerstand oder Anhaften durch Sie hindurch zu fließen.

- Jedem Wunsch wohnt die Möglichkeit und die „Mechanik“ inne, dass er spontan erfüllt wird. Wünsche und Sehnsüchte sind reines Potenzial, das nach Manifestation strebt.

- Wenn Sie gestresst sind, wenn Sie Probleme vorhersehen, wenn Sie sich zu sehr anstrengen müssen, dann beschränken Sie den Fluss der Intelligenz der Natur, die sich immer vom Ungeschaffenen in die Manifestation bewegen will.

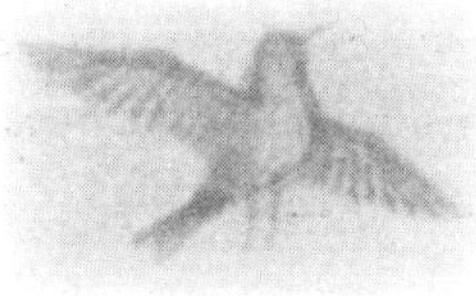

• 8 •

# Wann werde ich ganz wach sein?

*Ganzheit:*
*Worin alle Elemente enthalten sind; in sich vollständig; ungeteilt; Einheit.*

Manche Menschen glauben, dass unsere Beziehungen, unsere Umwelt und die Situationen und Umstände um uns herum bestimmen, wie wir uns fühlen, was wir denken, in welchem Bewusstseinszustand wir uns befinden. Andere haben verkündet, dass es sich genau anders herum verhält, dass nämlich unser Bewusstsein die Art und den Zustand von Beziehungen, Umgebung und Lebensumständen sowie Ereignissen erzeugt. Meiner Ansicht nach ist keine dieser beiden Sichtweisen richtig. Sowohl unsere

Innenwelt als auch unsere Außenwelt entstehen in gegenseitiger Beziehung zugleich, und sie hängen von der Schwingungsebene unseres Bewusstseins ab. Sie bilden eine Rückkoppelungsschleife, die sich ständig wiederholt und erneut abläuft, es sei denn, dass wir in eine andere Schwingungsfrequenz unserer Bewusstheit gelangen. Sowohl die Umwelt als auch unser Gemütszustand sind beide Ausdruck des Stadiums unserer evolutionären Entwicklung, in dem wir uns gerade befinden.

**Die drei Bewusstseinszustände des Alltags**

Jeden Tag erleben wir normalerweise drei Bewusstseinszustände: Wachen, Träumen und Schlafen. Aber nur, wenn wir Zeit in der Stille verbringen, im Schweigen oder in Meditation, erfahren wir einen vierten Bewusstseinszustand, in dem wir beginnen, unsere Seele zu ahnen und zu fühlen. Wenn wir einen Blick auf unsere Seele erhaschen, werden wir etwas intuitiver. Wir fangen an zu spüren, dass die Dinge nicht einfach nur das sind, was sie zu sein scheinen; es gibt etwas hinter den Kulissen.

Die physische Welt, die wir normalerweise erleben, ist ein Schatten der wahren Welt. Die wahre Welt, die Welt des Geistes, des Bewusstseins, existiert hinter einem Schleier. Der Schleier wird durch unsere eigene Konditionierung gebildet. In Wahrheit sind wir nicht durch die Welt von Raum, Zeit, Materie und Ursachen gebunden; dieser Schleier verhindert jedoch, dass wir diese Wahrheit sehen. Er hindert uns auch daran, dass wir in Macht, Freiheit und Gnade leben.

## Der vierte Bewusstseinszustand

Im vierten Bewusstseinszustand fangen wir an, die tiefere Wirklichkeit zu spüren, welche hinter der physischen Welt steht und diese aufeinander abstimmt. Es kommt zu einem Riss im Vorhang, der die physischen und die spirituellen Dimensionen voneinander trennt. So, wie wir aus dem Traum erwachen müssen, um das Wachbewusstsein zu erleben, müssen wir auch aus dem erwachen, was wir das *Alltagsbewusstsein* oder unser „normales" Bewusstsein nennen, um einen Blick auf unseren Spirit zu erlangen, auf unser inneres Selbst. Das kann man als *die Seele spüren* oder *die Seele sehen* bezeichnen; das ist der vierte Bewusstseinszustand. Er besteht einfach darin, in bewusster Berührung und bewusster Verbindung mit unserer Seele zu sein.

## Der fünfte Bewusstseinszustand

Dies führt dann zum fünften Bewusstseinszustand oder dem *kosmischen Bewusstsein,* wenn unsere Seele ganz erwacht ist, gleich, ob wir wachen, träumen oder schlafen. Unser Körper kann sich in einem tiefen Schlaf befinden, aber unsere Seele, der stille Betrachter und schweigende Beobachter, wacht über den Körper im Tiefschlaf. Unser Körper kann spazieren gehen und der stille Betrachter beobachtet, wie der Körper geht. Unser Körper kann Tennis spielen und der schweigende Beobachter schaut zu. Unsere Bewusstheit ist in der Raumzeit lokalisiert, und gleichzeitig ist unser Bewusstsein überörtlich, ortsungebunden oder transzendent.

Wie Christus gesagt hat: „Ich bin in der Welt, aber nicht von der Welt." Im kosmischen Bewusstsein befinden wir uns noch in dieser Welt – wir wachen, träumen und schlafen – und doch sind wir währenddessen mit unserer Quelle verbunden. Wie eine Lampe über der Türschwelle, deren Licht zugleich sowohl nach drinnen in das Haus wie nach draußen vor die Türe scheint, befinden wir uns gleichzeitig in beiden Ebenen. Wenn das geschieht, dann sind Synchronizitäten die Folgen, es ergeben sich so genannte Zufälle und die sonst versteckten Hinweise für das Leben werden immer offenbarer. Wir fangen an, die Kraft der eigenen Absicht zu erkennen. Wir beginnen, unseren inneren Dialog zu beobachten und stellen dann fest: „Ich weiß, dass die Art und Weise, wie ich mit mir selbst und zu mir selbst spreche, die Abläufe in meiner Physiologie und die Dinge in der Welt verändert."

Im kosmischen Bewusstsein ist Beziehung das Wichtigste im Leben: Alles im Leben ist ein Zusammenfluss von Beziehungen. Wir spüren, wie alles ein Ausgleich zwischen weiblichen und männlichen Energien ist, zwischen Yin und Yang, und jedes Mal, wenn das eine oder andere überwiegt, sind wir nicht mehr im Gleichgewicht. In unseren Tagen müssen wir in der Regel eher das Weibliche wieder mehr erwecken, weil die Vorherrschaft des Männlichen zu kämpferischen und kriegerischen Einstellungen, zu Arroganz und Aggression geführt hat, und das sind ja genau die Probleme, die wir in der Welt heute haben.

Im kosmischen Bewusstsein sind wir uns dessen bewusst, dass wir weder der physische Körper sind noch der Verstand und das Gemüt und auch nicht all die Rollen, die wir so oft spielen. Wir sind dann stattdessen der schweigende Beobachter, und aus einer solchen Bewusstseinshaltung entspringt ein Gefühl von Freiheit und Befreiung. Wir spielen zwar unsere Rolle und engagieren uns darin und sind doch gleichzeitig frei. Dann erkennen wir, dass unser Spirit nach dem Tode andere Rollen spielen wird und wir fühlen uns leichter. In dem Maße, in dem wir im kosmischen Bewusstsein wohnen und diesem Bewusstsein die Chance geben, sich zu entfalten und richtig aufzublühen, wird sich in dem gleichen Maße das Universum durch uns ausdrücken, durch uns „hindurch spielen". Der Tanz des Lebens wird dann ganz leicht und mühelos.

Wenn wir erst einmal unsere Seele einen Augenblick lang gesehen oder gespürt haben, finden wir die Außenwelt viel interessanter als früher, weil wir nun auch die Seele der anderen Dinge sehen bzw. spüren. Wir nehmen die Seele einer Blume, eines Baumes, eines Berges oder eines Flusses wahr, wir tauschen uns mit ihnen aus und kommunizieren.

Wir sagen: „Das ist mein erweiterter Körper. Ich habe einen persönlichen Körper und einen erweiterten, der sich weit über den persönlichen hinaus erstreckt. Beide sind gleichermaßen meine Körper. Diese Bäume dort sind nicht nur Bäume; sie sind meine Lungen. Die Flüsse sind nicht nur Flüsse, sondern mein Kreislauf. Die Erde ist mein Körper, die

Luft ist mein Atem, das Feuer in meinem Herzen ist das Feuer der Sterne."

**Der sechste Bewusstseinszustand**

Wenn wir nicht in die Intelligenz der Natur eingreifen und sie nicht in ihrem Ablauf stören, dann fangen wir an, für den sechsten Zustand des Bewusstseins zu erwachen, in das göttliche Bewusstsein. Im kosmischen Bewusstsein ist der Geist im Beobachter voll erwacht, ob dieser nun wacht, träumt oder schläft. Nun, im göttlichen Bewusstsein, sehen und spüren wir die Gegenwart von Spirit, von Geist bzw. Bewusstsein, in allem! Wenn wir ein Blatt anblicken, sagen wir: „Dies ist ein Blatt, aber es ist auch Sonnenschein und Erde, Wasser und Luft, die große unendliche Leere; dieses Blatt ist auch das gesamte Universum, das hier gerade die Rolle eines Blattes spielt." Das Blatt ist ein Verhaltensmuster der ganzen Schöpfung. Das Muster ist unbeständig, es verändert sich, aber gerade in diesem Moment lokalisiert sich Spirit in einem Blatt.

Wenn ich ein Foto von einer Riesenwelle im Ozean mache, so wird die Meeresbewegung im Bild eingefroren. Ich zeige Ihnen das Foto und schlage vor, dass wir doch mal an den Strand gehen sollten, um diese wunderschöne Welle zu sehen. Wir gehen ans Meer, doch diese Riesenwelle ist natürlich längst nicht mehr da, weil wir ja nur ein Bild angesehen haben, auf dem ein Moment der Betrachtung festgehalten wurde.

Auch der Vorgang der Wahrnehmung hält die Bewegung des Universums im Bild eines Blattes, eines

Tisches, einer Wolke oder eines Regenbogens fest. Der Akt der Wahrnehmung bringt uns gewissermaßen ein eingefrorenes Bild des Universums, wie es sich nur jetzt oder nur eine kurze Zeit hindurch präsentiert.

Wenn wir in das göttliche Bewusstsein erwachen, sehen wir nicht nur ein Blatt, einen Tisch, eine Wolke oder einen Regenbogen, sondern wir sehen das ganze Universum mit allen diesen Dingen. Wir spüren, wie sich in allem, was wir betrachten, die Anwesenheit von Spirit entfaltet. Wir unternehmen nichts Spezielles, damit das geschieht: Wir erlauben dem Universum einfach, sich zu entfalten und sich durch uns auszudrücken, sozusagen eine Rolle zu spielen.

Im Alltagsbewusstsein sehen wir das, was offensichtlich ist, das Augenscheinliche, was jedermann und jederfrau sieht. In diesem außergewöhnlichen Bewusstsein jedoch durchstoßen wir die Maske der äußerlichen Erscheinungsformen und gehen darüber hinaus. Wirt treten in das Lichtfeld ein, in dem Spirit leuchtet, wo sich alles mit allem vernetzt ist. Dieses Hinausgehen über die Wahrnehmung der Formen bringt eine neue Qualität von Bewusstsein mit sich. Wir sind wie ein Fleckchen von Bewusstheit im unendlich großen Feld von Bewusstsein. Unser eigenes Bewusstsein dehnt sich weiter aus, bis es über die Grenzen des Raums hinausreicht und jenseits der Flure der Zeit.

Wenn wir in diese Wirklichkeit eintreten, fühlen wir uns auch inmitten von Gefahren sicher. Gleich, wie turbulent und chaotisch die Welt um uns herum ist, spüren wir in uns tiefen Frieden. Im Lärm und Getöse des Alltags, auf dem Marktplatz des Lebens, wo jeder schachert, fühlen wir eine unerschütterliche innere Stille, ein friedvolles und tiefes Schweigen. Eine innere Stimme spricht uns an und führt uns zu spontanen und richtigen Entscheidungen, die das Gewebe unseres Schicksals knüpfen. Gebete werden erhört und Wunder geschehen. Wir sind verwundert und bezaubert schon allein von der Tatsache unseres Seins, von der schieren Existenz, die wir erleben.

Im göttlichen Bewusstsein erwacht die Seele in allem, was wir betrachten, und diese Bewusstheit macht es uns möglich, mit anderen Seelen zu kommunizieren – im Sinne von Kommunion! Kommunion ist nicht einfach nur Kommunikation, sondern bezeichnet den echten Kontakt von Seele zu Seele. Es vollzieht sich ein Austausch im Geiste, ein Ausfließen und eine Mitteilung und Austeilung von Spirit. In dieser Art von Gemeinschaft mit der Seele fühlen wir uns allen Wesen gleichwertig; weder meinen wir, wir seien überlegen noch unterlegen gegenüber irgend jemandem oder irgend etwas. In Kommunion spüren wir Empathie* für alle Wesen. Wir fühlen, wie sie fühlen, und wir kommunizieren ohne Worte.

---

* Empathie bezeichnet „Mitgefühl“; im Unterschied dazu Sympathie, was oft als „Mitleid“, eben als eine Form von Leiden, verstanden wird. Der Autor meint hier ausdrücklich ein Mitfühlen ohne Mitleiden. (Anm.d.Ü.)

Durch die innige Gemeinschaft mit der Seele erfahren wir Nähe zur Welt, wir erleben sie auf eine sehr dichte, intime und stimmige Weise. Wir spüren die Präsenz von Spirit in uns selbst und in allem. Aufgrund dieser veränderten Wahrnehmung unseres Bewusstseins können wir zu dem werden, was wir wahrnehmen. Wir können mit dem Geist von allem in der natürlichen Welt kommunizieren und er wird uns antworten. Wir können die Wolke bitten zu regnen und den Baum, Frucht zu tragen; wir können „Wunder" vollbringen. Alle Wunder sind Beispiele für das Wirken des göttlichen Bewusstseins. Der göttliche Geist, Spirit, ist dann nicht mehr schwer aufzufinden, sondern vielmehr wird es unmöglich, das göttliche Bewusstsein zu vermeiden, es nicht wahrzunehmen und zu spüren!

**Der siebente Bewusstseinszustand**

Als Nächstes erwachen wir für den siebenten Bewusstseinszustand, der Einheitsbewusstsein ist. Das geschieht, wenn der Spirit in uns, der nun voll erwacht ist, mit dem Spirit in allen Dingen verschmilzt, die nun auch ganz erwacht und bewusst sind. Alles wird Eins, und es gibt nur einen Spirit, nur einen Geist, nur ein bewusstes Sein. In diesem Bewusstsein sind wir eins; wir sind dieser eine Spirit. Im Einheitsbewusstsein strahlt Liebe aus unserem Herzen aus wie das Licht von einem Freudenfeuer. Unser persönliches Selbst geht auf im und wird zum universellen Selbst und wir sehen das ganze Universum in unserem Sein.

Dann verstehen wir diese Aussage in den Veden: „Ich bin nicht in der Welt; die Welt ist in mir. Ich bin nicht der Körper; der Körper ist in mir. Ich bin nicht im Verstand, im Gemüt, im Geist*; Verstand, Gemüt und Geist sind in mir. Körper, Geist und Welt passieren in mir, während und indem ich in mich gehe und sie erschaffe."

Normalerweise halten wir uns für eine Person, die an einem Platz, in einer Stadt, in einem Land, in der Welt existiert. Das ist jedoch nicht die wirkliche Situation, sondern es verhält sich genau anders herum. Die Welt existiert in uns. Was wir den *physischen Körper* und die *physische Welt* nennen, sind Projektionen unseres Bewusstseins. Ohne uns, ohne das „Ich bin", würde die Welt nicht existieren. Der theoretische Physiker John Wheeler, ein Kollege von Albert Einstein, sagte einmal, dass das Universum nicht ohne den Betrachter existiert, der es beobachtet. Der bewusste Betrachter könnte eine Mücke sein oder Sie und ich. Doch ebenso, wie es keinen elektrischen Strom ohne einen positiven und einen negativen Pol gibt, gibt es auch kein physisches Universum ohne einen Schöpfer und einen Betrachter, der die Schöpfung erfährt.

Das Universum ist bewusst, und weil es bewusst ist, ist es sich seiner selbst bewusst. Das unendliche Bewusst-

---

* In der Vorlage „mind", das hier umfassend gemeint ist und deshalb in drei seiner zahlreichen Facetten übertragen wird. (Anm.d.Ü.)

sein ist zugleich sein eigener Betrachter. Wo ist dieser Beobachter? Er ist in der Diskontinuität, in den Unterbrechungen, den Lücken, dem Zustand, wenn der Schalter auf „Aus“ steht. Was erlebt der Beobachter? Er, besser eigentlich Es, beobachtet sich selbst. Bevor das unendliche, unbegrenzte Bewusstsein sich selbst betrachtet, gibt es weder Raum noch Zeit noch Materie. Es gibt dort auch keine Kausalität, keine Verursachung. Es besteht nur eine Möglichkeit, ein Potenzial für all das. Wenn der Beobachter jedoch beim „Aus“, während der Diskontinuität, sich selbst beobachtet (was ebenfalls in der Unterbrechung, der Lücke stattfindet), dann betrachtet der Zustand des „Ausgeschaltet-Seins“ dieses „Ausgeschaltet-Sein“ und drückt auf mysteriöse Weise den Knopf zum „Einschalten“.

So agiert das unendliche Bewusstsein mit sich selbst und erschafft dabei den stillen Betrachter, den Vorgang der Beobachtung oder Erfahrung und das, was erlebt wird. Alle Schöpfung ist „Selbst-Interaktion“, also ein Agieren und Reagieren, ein Erschaffen, Erhalten und Auflösen von sich selbst.

Indem es mit sich selbst interagiert, erschafft das unendliche Bewusstsein zuerst den Geist, dann erschafft es den Körper, dann die physische Welt. Alles, was wir physisch oder physikalisch nennen, ist eine unterschiedliche Schwingungsfrequenz des Geistes, des lokalisierten und individualisierten Bewusstseins. Der Geist, auch Verstand und Gemüt, das personale Bewusstsein sozusagen, ist wiederum nichts anderes als eine Interpretation des unendlichen Bewusstseins für sich selbst, als Teil der Selbst-Betrachtung. In einem schönen Vers sagt Rumi:

> *„Ich habe am Rande des Wahnsinns gelebt, ich wollte Gründe wissen, an eine Tür klopfen. Die Tür öffnet sich. Ich habe von innen angeklopft."*

Anders gesagt: Wir sind alle in einem einzigen Geist enthalten, sind Teil dieses einzigen Bewusstseins – ob wir das nun den *Geist Gottes* nennen, das *unendliche Bewusstsein, Spirit* oder das *vereinheitlichte Feld*. Es gibt weder Innen noch Außen. Alles ist eine Tätigkeit eines einzigen Bewusstseins. Unsere grundlegende Natur ist reines Bewusst-Sein. Und die Seele, als ein Aspekt des reinen Bewusstseins, muss das reine Bewusstsein betrachten, um Raum, Zeit, Materie und den Prozess der Verursachung zu erschaffen.

Auf der relativen Ebene bin ich ein Beobachter, der Dinge betrachtet. Auf der absoluten Ebene ich bin gleichzeitig sowohl die Manifestation der Betrachters wie des betrachteten Objektes, die beide in gegenseitiger Abhängigkeit voneinander auftauchen. Auf der tiefsten Ebene der Existenz blicke ich mich selbst an, wenn ich sie anschaue. Mein tieferes bzw. höheres Selbst interagiert mit sich selbst und erschafft sowohl mich als auch Sie. Wenn ich einen Baum ansehen, sehe ich mich selbst an. Mein tieferes bzw. höheres Selbst tauscht sich mit sich selbst aus und erzeugt beides, den Betrachter des Baumes und den Baum.

Die Welt existiert in uns; wir existieren nicht in der Welt. Das ist eine schwierige Vorstellung, ein komplexes Konzept, und man kann sicher ein ganzes Leben damit verbringen zu versuchen, es intellektuell zu verstehen.Von einem praktischen Gesichtspunkt aus möchte ich Ihnen einfach vorschlagen, das Sie das nächste Mal, wenn Sie einen Baum ansehen oder einen anderes Wesen oder irgend etwas, zu sich sagen: „Dieser Baum existiert in mir. Dieses Wesen existiert in mir. Diese Sterne und Milchstraßensysteme, dieser Tisch und dieser Stuhl – alles existiert in mir selbst."

Wenn wir uns das selbst sagen, werden wir bald feststellen, dass wir bereits ein inneres Wissen darüber besitzen. Wenn ich mir sage „Dieser Baum existiert in mir", dann werde ich diesen Baum lieben. Wenn ich mir sage, dass Sie in mir existieren, dann werde ich ganz verliebt in Sie sein. Früher oder später haben wir dann eine innige Beziehung mit allem, was es gibt.

Alles im Universum ist lebendig. Die Erde, die Sterne, die Milchstraße und andere Galaxien sind lebende Organismen. Das Universum ist ein riesiges Lebewesen. Wenn wir ein Gefühl der innigen und intimen Nähe zu diesem Lebewesen spüren, wenn wir in alles verliebt sind, was existiert, dann spricht das Universum mit uns und enthüllt seine innersten Geheimnisse.

Was wir *Naturgesetze* nennen, sind in Wahrheit die Gedanken eines fühlenden Wesens. Was wir *das Universum* und *die Milchstraßensysteme* nennen, ist der Körper dieses fühlenden Wesens. Ein Gewitter mit elektrischen Entladungen in der Atmosphäre der Erde entspricht den gleichen elektrischen Entladungen im Netzwerk der Synapsen unseres Gehirns. In unserem Gehirn zeigt sich das als Gedanke; da draußen ist es ein Blitz, der durch den Himmel zuckt. Gibt es einen prinzipiellen Unterschied zwischen den stürmischen Entladungen im Netzwerk der Synapsen unseres Gehirns und dem Gewitter da draußen? Soweit es das Universum betrifft, sind beides ihm eigene Verhaltensmuster. Unser Missverständnis ist, das alles als etwas Getrenntes wahrzunehmen und zu denken, „das bin ich, und alles andere ist von mir getrennt."

Sie und ich sind Teil eines bewussten Universums. Das Universum denkt. Es ist kreativ. Es entwickelt Vorstellungen. Das Universum ist voller Kreativität, und das könnte es nicht sein, wenn es nicht bewusst wäre. Ich bin kreativ, weil das Universum kreativ ist. Ich bin bewusst, weil das Universum bewusst ist. Ich denke, weil das Universum denkt. Ich bin von Subjektivität geprägt, weil das Universum von Subjektivität geprägt ist. Das bedeutet, dass das Universum ein Gefühl des „Ich bin, ich existiere" hat. Mein subjektives Gefühl des „Ich bin", das Gefühl für meine eigene Existenz, ist nicht vom Gefühl des Universum getrennt, das genau dasselbe „Ich bin" spürt.

Wenn Sie das wahrhaft verstehen und tiefgreifend annehmen, dann werden Sie erkennen, dass Sie kein fester Körper sind, der in Raum und Zeit existiert. Die

Essenz Ihres Wesens ist die Quelle, aus der Raum und Zeit entspringen. Ihre Seele arbeitet schöpferisch mit der Quelle der gesamten Schöpfung zusammen; Ihre Seele „ko-kreiert" die Schöpfung. Wenn Sie für dieses Bewusstsein erwachen, dann erkennen Sie, dass es nichts gibt, dass Sie nicht erschaffen könnten. Dann wird eines Tages dieses Bewusstsein, dass „in Ihnen" zu sein scheint, mit dem Bewusstsein verschmelzen, das „außerhalb" von Ihnen zu sein scheint. Dann sehen Sie das gesamte Universum als Ihre eigene Manifestation.

Es gibt keinen Unterschied zwischen dem, was in Ihrer inneren Welt geschieht und was in Ihrer Außenwelt passiert. Die äußere Welt ist nur eine Reflektion Ihrer Innenwelt. Die äußere Welt ist ein Spiegel Ihres Bewusstseins, und Ihr Bewusstsein ist ein Spiegel der Welt. Sie sind jedoch weder Ihr Verstand und Gemüt noch die Welt; vielmehr sind Sie Schöpfer von beidem. Sogar diese Aussage ist nur ein Teil der Wahrheit, weil es in Wirklichkeit keine inneren und äußeren Welten gibt. Es gibt nur die Interaktion des Einen Wesens, des unendlichen Bewusstseins, mit sich selbst!

Das ist das Mysterium der Schöpfung, das ist das Geheimnis der Schöpfung. Was wir auch von uns selbst und in uns selbst denken mögen, zu dem werden wir in der Dimension von Raum und Zeit, und nur das können wir erfahren. Wenn wir leiden oder aufgeregt sind, wird die Nacht zu einer langen Epoche, während die Nacht des festlichen Trubels wie in einem kurzen

Augenblick zu vergehen scheint. Aber Leiden und Freuden sind Teil des Traumes, und in einem Traum dauert ein Augenblick genauso lang wie ein ganzes Zeitalter.

Im Vedanta heißt es: „Was in Gedanken und Gemüt ist, ist wie ein Stadt in den Wolken. Das Auftauchen dieser Welt ist nichts anderes als Gedanken, die sich manifestieren. Alle Welten sind nicht mehr als veränderte Erscheinungsformen des Bewusstseins; im unendlichen Bewusstsein haben wir uns gegenseitig und miteinander erschaffen.“

## Unterschiedliche Bewusstseinszustände

Wenn wir einmal begriffen haben, dass es unterschiedliche Bewusstseinszustände gibt, dann erkennen wir auch, dass die Naturgesetze sich nur auf den Wachzustand, den Traumzustand oder den Schlafzustand während eines gewöhnlichen Alltagslebens mit seinen Tätigkeiten und Beschäftigungen beziehen. Wenn wir uns jedoch in anderen Bewusstseinszuständen befinden, dann „navigieren“ wir in ganz anderen Welten, in denen diese irdischen Naturgesetze keine Gültigkeit mehr haben.

Die Seele hält sich in zahlreichen Bewusstseinszuständen gleichzeitig auf. Was wir aber Tag für Tag erfahren, hängt davon ab, wohin wir unsere Aufmerksamkeit lenken. Mit jedem Gedanken, jedem Wunsch und jeder Absicht entsteht ein winziger Same der Information, der sich aus unserer ortsungebundenen, alle Grenzen überschreitenden Seele gewissermaßen verdichtet und lokalisiert. Da Menschen nun einmal Geschichtenerzähler sind, erzählen wir uns selbst Geschichten von unseren eigenen Gedanken. Wenn wir eine Freundin anrufen und sie nicht sofort zurück ruft, denken wir vielleicht: „Sie mag mich nicht mehr; meine Nase passt ihr doch nicht." Wir erzählen uns eine Geschichte, dann denken, fühlen und handeln wir entsprechend dieser Geschichte, und das nennen wir dann „Leben". Nachts passiert und das Gleiche, aber der rationale Verstand schläft und deshalb nennen wir das dann „Traum".

Eines Nachts träumte ich, dass ich Golf gespielt und einen Preis gewonnen hätte. Es gab Hunderte von Zuschauern bei der Siegerehrung und sie alle applaudierten, als ich den Preis überreicht bekam. Am nächsten Tag erschien mein Bild mit einem Artikel in der Zeitung. Dann wachte ich auf und überlegte: „Um Himmels Willen, ich habe mir das alles ausgedacht. Ich war Deepak, der den Preis gewann, ich war der Golfplatz, ich war die Hunderte von Zuschauern und ich war das Foto in der Zeitung." Als ich träumte, wusste ich das jedoch nicht, sondern erst, nachdem ich aufgewacht war.

Eines Tages erwachte ich dann aus meinem Alltagsbewusstsein, aus dem üblichen Wachzustand und erkannte, dass alles eine Projektion meines eigenen Bewusstseins darstellt, meines inneren Selbst. In allen Bewusstseinszuständen bin ich der Produzent, der Regisseur, der Schauspieler des jeweiligen „Films". Ich bin der Hauptdarsteller, der Held oder Bösewicht, der Gefangene oder der Wärter und auch noch das Gefängnis. Ich bin aber auch die Freiheit. Früher wusste ich das nicht, aber nun, nachdem ich ganz aufgewacht bin, weiß ich es. Jetzt kann ich mich entscheiden, was ich spielen möchte.

In meinem Heimatland Indien nennt man dieses Spiel *leela*, das Spiel des Universums. *Leela* ist der kosmische Tanz von Shiva und Shakti, den männlichen und den weiblichen Kräften der Schöpfung. Der kosmische Tanz ist ein wunderschönes Symbol für die Schöpfung. Der eine Fuß, mit dem Shiva am Boden steht und sich hält, stellt die Stille des Feldes des Absoluten dar; der andere Fuß, den er im Tanz erhebt, repräsentiert das dynamische Feld des Relativen. Über das hübsche Bild hinaus geht es beim *leela* um das Entzücken und die Freiheit der Schöpfung.

Das unendliche Bewusstsein erschafft und spielt durch uns verschiedene Frequenzen: Tiefschlaf; Aufwachen daraus in den Traumzustand; Erwachen daraus in den Wachzustand des Alltagsbewusstseins; Aufwachen für erste Blicke auf die Seele; Erwachen daraus in das kosmische Bewusstsein; Aufwachen für das göttliche Bewusstsein; Erwachen daraus in das Einheitsbewusstsein.

Das unendliche Bewusstsein ist ein Feld aller Möglichkeiten. Wenn das Universum ohne Störung durch uns hindurch fließt, entdecken wir all jene Wirklichkeiten, in denen sich das Bewusstsein in Raum, Zeit,

Materie und Kausalität manifestiert. Wenn Sie jedoch über die Felder des Denkens, der Emotionen, des Egos und der Persönlichkeit hinaus gehen, dann gibt es nur noch ein einziges Feld, was übrig bleibt. Das ist jenes, das wir wahrhaft sind: Das Feld des reinen Bewusstseins, das sich als eine Person an einem Ort ausdrückt, verdichtet und lokalisiert.

Als Person scheine ich von anderen getrennt zu sein und deshalb denke ich: „Ich bin Deepak. Ich bin hier und du bist dort. Das ist ein Freund und das ist ein Feind. Die ist gut und der ist schlecht."

Das ist jedoch alles nichts anderes als nur eine Projektion des Bewusstseins. Es gibt so etwas wie „eine Person" gar nicht. Was wir eine *Person* nennen, ist das unendliche Bewusstsein, das sich als eine flüchtige Erscheinung zeigt, als ein Verhaltensmuster, das nur kurzzeitigen Bestand hat. Wenn Sie sich selbst für eine Person halten, dann werden Sie überall Personen sehen. Wenn Sie jedoch realisieren, dass Sie keine Person sind, dann werden Sie die Gegenwart von Spirit spüren, die Präsenz des Einen Seins, und das überall. Das Eine Sein, das aus meinen Augen blickt, und das Eine Sein, das aus Ihren Augen schaut, ist dasselbe Eine Sein in unterschiedlicher Verkleidung.

Das Universum ist der Traum des unendlichen Bewusstseins, und zu diesem Traum gehört es, dass er das Ich-Gefühl, das Ego, und die Phantasie hervor bringt, dass es „da draußen" andere gäbe. Alle diese

Anderen sind jedoch nichts mehr als Traumobjekte. In der merkwürdigen, verheddert aussehenden Hierarchie des Schöpfung, ist alles untrennbar eins, und es gibt überhaupt nur Kooperation und Ko-Kreation von Dingen, die voneinander abhängig sind.

Sehen Sie sich irgendein beliebiges Objekt in Ihrer Umgebung an, vielleicht einen Tisch oder einen Stuhl. Sie erscheinen im Feld Ihrer Wahrnehmung als Objekte, das ist indes bloß der Aberglaube des Materialismus, der Irrtum des rational begrenzten Verstandes. Wenn Sie sich nur auf die Sinneswahrnehmung verlassen, werden Sie das Ganze, die Ganzheit niemals erleben. Sie werden nur hier ein paar Stückchen und dort ein paar Mosaiksteine der Realität erfahren, weil eben Ihre Augen und Ohren, Ihre Nase und Ihr Mund sowie die Hände nur Stückchen und Mosaiksteine einer Vorkehrung zur Wahrnehmung mittels begrenzter Sinnesorgane sind.

Der Tisch, auf dem Sie schreiben, der Stuhl, auf dem Sie sitzen – alles, was existiert, ob es lebendig oder unbelebt ist –, stellen das ganze Universum in einer bestimmten, begrenzten Ausdrucksform, in einem speziellen begrenzten Verhaltensmuster dar. Gehen Sie über die Erscheinungsformen und Verhaltensmuster hinaus und spüren Sie die Gegenwart dessen, was das alles bewirkt. Sie werden dann die Präsenz von Spirit in jedem Objekt Ihrer Wahrnehmung sehen und fühlen.

Tisch und Stuhl sind aus Holz gemacht und jedes Teilchen des Holzes enthält die gesamte Geschichte des Universums. Das Holz kommt von Bäumen aus Wäldern. Sie entstehen aus Sonnenlicht und Regen, Erde und Luft und der unendlichen Leere jenseits der Tiefe des Raums und der Dunkelheit der Zeit. Die Bäume und Wälder lassen sich nicht von den Eichhörnchen und Vogelnestern trennen und vom ganzen Gewebe des Lebens als Teil der großen und langen Kette des Seins. Tisch und Stuhl sind vom gesamten Universum und von allem, was es enthält, nicht zu trennen. Da sind die Zimmerleute und die Fabriken, die Angestellten, Holzgeschäfte und Kunden. Tisch und Stuhl haben mit all diesen Menschen zu tun, mit deren Leben und Lieben, ihren Hoffnungen und Entmutigungen, ihren Sorgen und Vergnügungen, ihrem Leid und ihrer Freude.

Jetzt nehmen Sie nicht mehr nur einzelne Mosaiksteinchen wahr, sondern Sie sehen wirklich. Wenn Sie voll erwacht sind. Öffnen Sie Ihre Augen und sehen. Was sehen Sie? Sie sehen das Ganze in jedem Teil. Das gesamte Universum ist in jedem Teil des Universum enthalten. Sie sehen das Meer in einem Tropfen. Da Sie das Ganze wahrnehmen, wird Ihre Sichtweise ganz. Da Sie ganz und heil werden, wird Ihre Vision heilig. Wenn wir Vision heilig ist, dann werden Sie geheilt, dann sind Sie geheilt.

Heilen bedeutet, in die Erinnerung der Ganzheit bzw. der „Heilheit", also einer Heiligkeit, zurück zu kehren. In Indien gibt es diesen alten Spruch: „Warum muss man sich so anstrengen, etwas zu lernen, wenn wir uns doch eigentlich nur richtig erinnern müssten?" Woran sollten Sie sich erinnern? An Ihr wahres Wesen, an Ihre wahre Natur.

Wenn Sie Ihre wahre Identität einmal entdeckt haben, werden Sie auf allen Ebenen Heilung erfahren und Ihre Transformation beginnt. In einem Zen-Gedicht heißt es:

*Herbstblätter, Winterschnee, Sommerbrise,*
*Frühlingsblumen.*
*Wenn du ganz erwacht bist: das ist die beste Jahreszeit*
*in deinem Leben.*

## SCHLÜSSELGEDANKEN

- Sie sind ganz erwacht, wenn Sie die Gegenwart von Spirit in allem sehen und spüren.

- Das Universum fließt und spielt durch Sie hindurch, in zahlreichen Frequenzen zugleich.

- Wenn Sie sich an Ihre wahre Natur erinnern, dann kehren Sie in die Erinnerung an Ganzheit zurück; Sie werden geheilt und Sie sind geheilt.

# Teil III

## <u>Die Praxis</u>

*Erleben, wer wir sind*

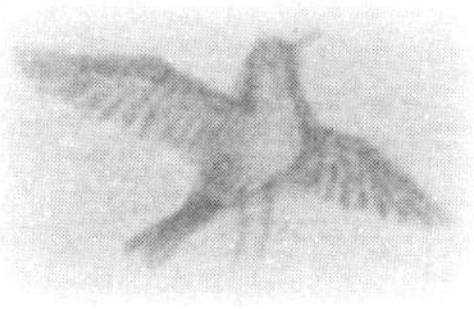

• 9 •

## Was ist Macht und wie erhalte ich sie?

*Macht:*
*Das Vermögen zu kreieren, die Fähigkeit zu erschaffen; etwas zustande bringen; wirkungsvoll handeln.*

Macht ist die Fähigkeit, alles zu manifestieren, was Sie wünschen. Dazu gehört auch jede Wirklichkeit, die Sie erfahren möchten. Wahre Macht entspringt aus der Essenz der Unendlichkeit, die Ihre Quelle ist. Wahre Macht kommt aus der Quelle aller Macht, dem Einen Sein. Im riesigen Meer des unendlichen Bewusstseins gibt es unendliche Macht, und Sie steht Ihnen auf Ihren Wunsch zur Verfügung. Die meiste Macht werden Sie nie benötigen oder verwenden wollen bzw. können, aber dennoch gehört sie Ihnen.

Wenn Sie an der Essenz von Sein an der Wurzel Ihres Seins und Wesens festhalten können, wenn Sie sich in dessen unendlicher Weisheit einlassen und verankern können, werden Sie wahre Macht haben. Wenn Sie sicher im Wissen Ihres wahren Selbst gegründet sind, dann verstehen Sie die Natur und den Zweck der Existenz, und dadurch wird eine enorme Macht erzeugt. Diese Art von Macht führt zu Größe, Erfolg und einem Leben, das frei von Leiden ist.

Nehmen Sie sich einen Augenblick Zeit, um sich darüber bewusst zu werden, wer dieses Buch liest. Spüren Sie eine Präsenz? Diese Gegenwart des Geistes ist nicht Ihr Verstand, sondern Ihre Seele. Der Verstand sagt vielleicht, „Was soll ich zu Mittag essen" oder „Wie spät es jetzt wohl ist?" Dieser innere Dialog spielt sich in der Gegenwart der Seele ab. Gedanken kommen und gehen, Gefühle tauchen auf und verschwinden. Die Moleküle des Körpers entstehen und vergehen. Aber all das geschieht in der Präsenz der Seele, in dieser geistigen Gegenwart von etwas, was das alles wahrnimmt.

Diese Präsenz besteht, auch durch die Veränderungen Ihrer Erinnerungen, Ihrer Stimmungen und sogar Ihrer Persönlichkeit hindurch. Denn Sie haben heute nicht dieselbe Persönlichkeit, die Sie als fünfjähriges Kind oder als fünfzehnjähriger Teenager hatten. Das wäre auch ziemlich traurig. Ihre Persönlichkeit ist ein Ausdruck der Evolution des Universums; sie verändert sich ständig, sie wächst, entwickelt und transformiert sich. Alles in Ihrem Leben verändert sich laufend, aber diese Transformation vollzieht sich in der Gegenwart von etwas, das immer da ist. Diese Präsenz war vorhanden, als Sie ein neugeborenes Baby waren, sie war anwesend, als Sie ein kleines Mädchen bzw. ein kleiner Junge waren, sie war gegenwärtig, als Sie ein Teenager waren, und diese Präsenz der Seele ist auch jetzt in diesem Moment da. Sie wird auch weiter bestehen, wenn Sie eines Tages sehr alt sind.

Wer durchläuft diese Erfahrungen? Ihr wahres Selbst – das, was wir reines Bewusstsein, das *Feld der Intelligenz,* das *innere Selbst,* die *Seele, Spirit,* das *unendliche Bewusstsein,* das *Eine Sein in Ihnen* nennen. Wir verwenden diese Begriffe hier als Synonyme. Wenn Sie mit dieser Präsenz in Berührung gelangen, wenn Sie damit in wirklich engem Austausch stehen, weil es ja Ihr eigenes inneres Selbst ist, dann werden Sie aufgrund eigener Erfahrung wissen, ohne dass Ihnen das jemand sagen muss, dass diese Präsenz existiert hat, bevor Sie geboren wurden und dass sie weiter bestehen wird, nachdem Sie sterben.

In Indien gibt es eine wunderbare uralte Aussage über die Seele: „Feuer kann sie nicht verbrennen, Wasser kann sie nicht benetzen, Wind kann sie nicht austrocknen, Waffen können sie nicht zerschlagen. Sie ist uralt, sie ist ungeboren, und sie stirbt niemals."

Die Seele ist die Quelle aller Wirklichkeiten, aber die Domäne der Seele liegt jenseits Ihrer Alltagsrealität. Deshalb müssen wir ja die Ebene der Seele kennen lernen, um mit ihr in Berührung zu sein und zu bleiben, um die Eigenschaften unseres *wahren* Ichs zu erfahren.

Wie erfahren Sie die Ebene Ihrer Seele? Indem Sie Zeit in der Stille verbringen, indem Sie die zeitgebundenen Selbstgespräche in Ihrem Kopf zum Schweigen bringen und sich in die zeitlose, friedvolle Stille Ihrer Seele einstimmen. Wenn Sie vollständiges Schweigen in Ihrem Körper-Geist erfahren, dann erkennen Sie, dass Sie nicht Ihre Gedanken sind, sondern Sein, das Gedanken hat.

Allmählich werden Sie feststellen, wenn Sie Zeit in Stille verbringen, dass die Bilder auftauchen und verschwinden, aber der Betrachter immer da ist und immer derselbe bleibt. Sie realisieren, dass Sie nicht die Bilder sind, die an Ihnen vorbeiziehen, sondern der Betrachter. Indem Sie sich nicht mehr mit den wechselnden Bildern identifizieren, sondern mit dem stillen Beobachter, fängt langsam alles an zu erwachen. Sie nehmen Ihre Seele wahr, wenn das anfangs auch nur flüchtig sein mag, und Sie beginnen, erweiterte, ausgedehntere Bewusstseinszustände zu erleben: kosmisches Bewusstsein, göttliches Bewusstsein, Einheitsbewusstsein.

Wenn Sie Zeit in der Stille verbringen, fangen Sie auch an zu bemerken, dass Sie alle Bilder, die Sie wahrnehmen, alle Erfahrungen und Situationen, selbst gestalten. Sie stellen sozusagen fest, dass Sie selbst der Maler bzw. die Malerin der Landschaftsbilder und Personendarstellungen sind, die Ihre Existenz ausmachen. Sie haben immer schon all Ihre Lebensbilder selbst gemalt. In der Vergangenheit geschah das unbewusst, zufällig, chaotisch. Jetzt erschaffen Sie bewusst, wie ein großer Michelangelo oder ein Leonardo da Vinci, die Bilder Ihres Lebens als ein Meisterwerk, das Ihr Schicksal und das Schicksal anderer Menschen positiv beeinflusst.

Wir haben bereits festgestellt, dass Sie, um etwas zu Ihrer Lebenserfahrung werden zu lassen, Ihre Aufmerksamkeit darauf richten müssen. Wenn Sie also die Wirklichkeit Ihrer Seele erleben möchten, dann richten Sie Ihre bewusste Aufmerksamkeit auf Ihre Seele. Ziehen Sie Ihre Aufmerksamkeit aus der Welt des Intellekts und Egos heraus und stimmen Sie sich auf Ihre Seele ein. Treten Sie in Kommunion mit Ihrer Seele. Fühlen Sie Ihre Seele. Bereits, wenn Sie im Schweigen Ihrer Seele sind, wird Sie das mit Ihrer Quelle verbinden.

Und wie wissen oder erkennen Sie, dass Sie mit Ihrer Quelle verbunden sind? Bestimmte Zeichen zeigen Ihnen an, dass Sie verbunden sind, dass Sie aus der Quelle leben. Sie können Ihren spirituellen Forschritt dann anhand dieser Zeichen ablesen.

Das erste Zeichen, dass Sie aus der Quelle leben, ist die Abwesenheit von Sorgen. Sie machen sich nicht mehr über alles Mögliche Sorgen. Wenn Sie mit der Quelle verbunden sind, was gäbe es sich da noch zu sorgen?

Also fühlen Sie sich unbeschwert und glücklich. Bemerkungen anderer Menschen verletzen Sie nicht, es muss nicht immer alles nach Ihrer Nase gehen, und Sie spüren kein Bedürfnis, allem und jedem, was ist, Widerstand entgegen zu setzen. Sie erleben mühelose Leichtigkeit, Spontaneität und keine Abwehr gegen das, was in Ihrer Umgebung oder Umwelt passiert.

Das zweite Zeichen dafür, dass Sie aus der Quelle leben, ist die Erfahrung von sinnvoller Synchronizität und bedeutungsvollen „Zufällen" so genannter Koinzidenz. Warum Synchronizität und Koinzidenz? Weil beide Ausdrucksformen der unendlichen Macht des reinen Bewusstseins darstellen, wenn diese Kraft etwas bewirkt oder organisiert, etwas in die Wege leitet oder bewegt. Synchronizität und Koinzidenz werden an einem Ort jenseits von Raum, Zeit und Kausalität bewirkt und „orchestriert". Die Dinge werden sinnvoll und zweckmäßig auf einander abgestimmt, damit sich das ereignen kann, was den Absichten und Neigungen entspricht. Das geschieht auf einer Ebene der Seele, die als *unendliche Korrelation* bekannt ist, wo alle Dinge gleichzeitig passieren. *Chronos* bedeutet im Griechischen Zeit; wenn alle Dinge synchron geschehen, wenn sie zeitlich richtig aufeinander abgestimmt sind auf eine Weise, wie man selbst das beim besten Willen gar nicht organisieren könnte, wenn sich Dinge also vermeintlich zufällig genau im rechten Moment ereignen, dann wissen Sie, dass es sich um eine Botschaft der Seele handelt.

*Koinzidenz* bedeutet, dass viele Dinge gleichzeitig auf eine Weise passieren, wie man es nie erwarten könnte und würde. Es sieht aus wie eine „Verschwörung“ unwahrscheinlicher Ereignisse. Eine Koinzidenz kann wie ein *Zufall* aussehen, aber Sie werden sicher längst wissen, dass es keine zufälligen Ereignisse gibt. Was wir einen Zufall nennen, ist die nicht ortsgebundene, nicht lokalisierte Korrelation des universellen Geistes. Jedes Geschehen wird vom unendlichen Bewusstsein orchestriert, in Szene gesetzt, und jedes Ereignis ist die Folge einer „Verschwörung“ unzähliger Ereignisse, die zuvor haben stattfinden müssen, um dieses eine Ereignis möglich zu machen. Damit überhaupt irgendetwas in Ihrem Körper, Ihrem Geist, Ihrem Leben passieren kann, muss sich das gesamte Universum dazu verschwören.

Obwohl wir das vielleicht nicht verstehen, stellt es doch eine grundlegende Wahrheit dar: Das Universum ist synchronistisch und koinzidental. Alles ist mit Allem verknüpft und verwoben; wenn wir uns auf das Universum eingestimmt haben, dann erleben wir Snychronizitäten. Je besser wir verbunden sind, desto häufiger und intensiver erleben wir „Zufälle“ und synchronistische Begebenheiten.

Deshalb sollten Sie das unerwartete Eintreffen oder Zusammentreffen von Ereignissen nicht übersehen. Wenn etwas auf unglaubliche Weise eintrifft, fragen Sie sich: „Was bedeutet das? Welchen Sinn kann diese

Synchronizität für mich haben?" Koinzidenzen sind Botschafter Ihrer Seele; sie sind Schlüssel zu Ihrem nicht ortsgebundenen Selbst. Das lokale Selbst ist die Person, für die Sie sich halten. Das non-lokale Selbst ist der ungebundene Geist, ist freier Spirit. Sie können beides erfahren und tun das auch immer wieder. Wenn sich also ein so genannter Zufall ergibt, dann haben Sie in diesem Moment einen Blick auf Ihre Seele, Ihr nicht örtlich gebundenes Selbst, erhascht. Wenn Sie eine bewusste Wahrnehmung Ihrer Seele haben, dann erleben Sie alles als ein Wunder. Sie fühlen sich glücklich, und Ihr Leben beginnt, sich zu verändern. Sie sehen die Beziehung zwischen Ihrer Innen- und Ihrer Außenwelt; Sie stellen fest, dass jedes Geschehen in Ihrem Leben vom gesamten Universum orchestriert wird. Das ganze Universum wirkt wie ein großes Orchester, das nur für Sie spielt und alles unternimmt, damit Ihr Leben genauso verläuft, wie es das tut; und dasselbe vollbringt das Universum auch für alle anderen!

Wenn Sie diese Tatsache aufnehmen und erkennen, wird Ihnen vor Verblüffung und Erstaunen angesichts dieses Wunders von Spirit vermutlich ganz schwindlig. Dieses Staunen wird zu Dankbarkeit führen, und Dankbarkeit löst noch mehr Wunder aus. Das verlagert Ihr Bewusstsein auf eine höhere Ebene. Wenn Sie nun Ihr Bewusstsein vom Trubel und Trivialen der Alltagswelt erheben und auf die Ebene des Zauberhaften und Wunderbaren heben, wird Ihr Leben genauso magisch und von Wundern erfüllt. Ihre Aufmerksamkeit wird ganz spontan der Tatsache gewahr, dass das Leben selbst ein großes Wunder ist. Je mehr Sie Ihre bewusste Wahrnehmung auf Wunder lenken, desto häufiger werden Sie selbst zu einem bewussten Schöpfer, einer bewussten Schöpferin, von Wundern!

Das dritte Anzeichen schließlich für die Tatsache, dass Sie aus der Quelle leben, besteht darin, dass Sie sich als einen Schöpfer erkennen, nicht mehr als ein Opfer. Sie realisieren, dass die Welt ein Spiegel Ihrer Gedanken, Ihrer Gefühle, Ihrer Wünsche und Deutungen ist. Sie wissen, dass jede Situation, jede Beziehung, jedes Ereignis, das Sie erleben, etwas in Ihnen spiegelt. Wenn Sie nicht mögen, was in Ihrer Welt geschieht, dann versuchen Sie es nicht mehr dadurch zu ändern, dass Sie die Schuld in der Umwelt suchen oder im Außen etwas verändern wollen. Sie wissen dann, dass das nichts anderes wäre als die Blätter einer Pflanze zu polieren, anstatt die Wurzeln zu gießen. Wenn Sie in Ihrem Leben etwas erfahren, was Sie glücklich macht, dann erkennen Sie, dass Sie das selbst erschaffen haben. Sonst würden Sie ja im Opfer-Muster stecken bleiben: „Ich Armer, Ich Arme. Was mir nur wieder passiert, und ich kann daran ja gar nichts ändern."

Das dritte Anzeichen für diesen Kontakt mit der Quelle besteht also darin, dass Sie nicht mehr darauf warten, dass sich die Welt ändert, weil Sie nun wissen, dass Sie selbst die Welt erschaffen. Was auch passiert: Sie erschaffen es selbst. Also fragen Sie sich in Situationen, in denen Ihnen das Spiegelbild der Welt nicht zusagt: „Was muss ich in mir verändern, damit dies und jenes nicht mehr passiert?"

Kein einziges Problem auf der Erde kann gelöst werden, indem man es auf der Ebene des Problems angeht. Aber jedes Problem kann auf der Ebene von Spirit gelöst werden. Gehen Sie also über die Welt der Illsuion hinaus, jenseits der Masken der Erscheinungen, und treten Sie in die unsichtbare Welt des Geistes ein. In dieser Welt von Spirit entdecken Sie sowohl den Schöpfer des personalen Körper-Geistes als auch den Schöpfer des kosmischen Körper-Geistes. Auf dieser Ebene setzen Sie sich mit Problemen noch nicht einmal mehr auseinander, geschweige denn, dass Sie gegen sie ankämpfen würden. Vielmehr erheben Sie sich über die Probleme und dadurch erschaffen Sie eine neue Lösung.

Kein Umstand kann das Erleben von Ungebundenheit und Grenzenlosigkeit überschatten, das aus der Erfahrung des reinen Bewusstseins entspringt. Und die einzige Möglichkeit, reines Bewusstsein wirklich zu erfahren, besteht darin, das Denken zu überschreiten und in die stille und innige Gemeinschaft mit Ihrer Seele einzutreten.

## Erfahrung und Anwendung von Macht

### *Verbringen Sie Zeit in stiller Kommunion mit Ihrer Seele*

Wenn Sie mich fragen würden, was ich für die wichtigste Erfahrung in meinem Leben halte, würde ich Ihnen sagen, dass es die Erfahrung ist, zweimal täglich innerlich und bewusst an einen Ort der Stille und des Schweigens zu gehen. Aufgrund von Meditation erlebe ich jenen Zustand des Seins, welcher der Grundzustand meines Körper-Geistes, meines Leben ist. Das ist für mich das Wichtigste, was wir tun können, um in einen höheren Bewusstseinszustand zu gelangen.

Nehmen Sie sich gerade jetzt einmal etwas Zeit und schließen Sie die Augen. Wenn Sie die Augen schließen, tauchen sofort und automatisch Gedanken auf, nicht wahr? Wenn ich Sie nun darum bitte, nichts zu tun, sondern nur da zu sitzen und Ihre Augen geschlossen zu halten, wird einer Ihrer ersten Einwände vermutlich lauten: „Ich habe zu viele Gedanken." Das ist aber gut so, denn die meisten Menschen beschweren sich noch nicht einmal darüber. Sie handeln einfach entsprechend der Gedanken, die ihnen in den Sinn kommen und sind sich dabei nicht bewusst, dass es oft noch nicht einmal ihre eigenen Gedanken sind. Das Erste, was Sie also mit Hilfe stiller Meditation erkennen und lernen, ist, dass das „Ich bin" Ihre Gedanken registriert und betrachtet.

Dann, während Sie die mühelose Weise erkennen, in der Gedanken auftauchen, beginnen Sie, gedanklich ein Mantra zu sprechen. Was ist ein Mantra? Ein Mantra ist ein Klang oder eine nicht verbalisierte, also nicht hörbar ausgesprochene kurze Wortfolge, die Sie mental, also nur „mit der Zunge der Gedanken“ laufend wiederholen, ohne dabei Ihre Zunge oder Ihre Lippen zu bewegen. Bekannte Mantras sind zum Beispiel „Soham“*, „Ah-ham“ oder einfach „Ich bin“. Indem wir das Mantra gedanklich wiederholen, bewirken wir, dass es in den Fluss der Gedanken eingreift und unsere Gedanken umgekehrt in die Wiederholung des Mantras eingreifen werden. Wenn man in diesem Gefühl, in dieser geistigen Haltung verweilt, in diesem Zustand der Stille, dann werden sich die Gedanken und das Mantra manchmal gegenseitig „auslöschen“. In diesen Augenblicken schlüpfen Sie gewissermaßen in die schweigende Unterbrechung zwischen den Gedanken und finden Zugang zu Ihrer Seele.

In dem zeitlichen Zwischenraum zwischen den Gedanken werden Sie zum Betrachter, zum Beobachter. Von hier aus können Sie Ihre Gedanken, Gefühle, Emotionen und Reaktionen wahrnehmen. Als schwei-

---

* So-ham; A-ham: indische Mantras; das erste bedeutet etwa „Ich bin der ich bin“ und wurde auch von Paramhansa Yogananda („Autobiographie eines Yogi“) vorgeschlagen; das zweite heißt „Ich bin“; das dritte Mantra lautet in der Vorlage „I am“, also ebenfalls „Ich bin“, und wird auch in der „I am-Bewegung“ sowie bei St. Germain verwendet. (Anm.d.Ü.)

gender Beobachter betrachten Sie diese ohne Etiketten, Definitionen, Beschreibungen, Analysen, Bewertungen oder Urteile. Krishnamurti, der bedeutende indische Philosoph, hat einmal darauf hingewiesen, dass die höchste Form der menschlichen Intelligenz die Fähigkeit ist, sich selbst zu betrachten und dabei sich nicht zu beurteilen.

Beobachten Sie still weiterhin, fahren Sie in der schweigenden Betrachtung fort, bis Sie in das Reich der Seele eintreten. Hier erleben Sie die Anwesenheit von Spirit in allem, was Sie sehen, hören, riechen, schmecken und fühlen. Auf dieser Ebene gibt es nur einen Betrachter, nur einen „Zeugen", ein einziges Wesen, nur das Eine Sein; und das gesamte Universum ist der physische Körper dieses Wesens, dieses Einen Seins.

In der Domäne der Seele haben Sie ein intensiveres Gespür von innerem Wissen und verfeinerte Wahrnehmungskräfte, und so können Sie den kosmischen Geist sozusagen belauschen. Hier beantworten sich Fragen von selbst, hier lösen sich Probleme von selbst, weil die Welt des Egos in die Welt des Geistes transformiert wird, in reines Potenzial und unendliche Möglichkeiten.

Wenn Sie Zeit in stiller Gemeinschaft mit Ihrer Seele verbringen, erlangen Sie Wissen vom Selbst, dem Schöpfer der Realität. Diese Art von Wissen können Sie nicht durch Bücher oder in Universitäten erwerben; das ist ein Wissen, zu dem Sie selbst werden!

Wenn Sie dieses Wissen werden, sind Sie frei von Begehren, Festhalten, Widerwillen, Angst und Fluchtstreben. Sie sind dann sowohl von der Vergangenheit frei als auch von der Zukunft. In diesem Wissen werden Sie Ermächtigung finden, Sie sind frei, und Sie leben in Gnade.

Ich möchte Sie dazu ermuntern, sich dafür zu entscheiden, Zeiten der Stille, des Schweigens und des All-Eins-Seins zu genießen. Ich möchte Sie ermutigen, dass Sie Zeit mit sich selbst verbringen, dass Sie sich mit sich und mit der Natur verbinden und in einer stillen und harmonischen Umgebung Freude und Glück erfahren. Lassen Sie es sich zur Gewohnheit werden, jeden Tag in die Stille zu gehen oder zu meditieren. Wenn Sie sitzen und schweigen und meditieren, dann schenkt das Ihrem Gemüt tiefen Frieden; Sie gehen an den dunklen Gassen des Gemüts vorbei und erheben sich über die von Geistern bewohnten Dachböden des Gemüts in die Welt des Transzendenten. Indem Sie Zeit in stiller Meditation verbringen, kultivieren Sie den Frieden des inneren Schweigens.

Es gibt wissenschaftliche Untersuchungen die zeigen, dass Menschen, die meditieren, damit nachweisbar ihre physische Gesundheit und ihr seelisches Wohlbefinden verbessern. Ihr Blutdruck sinkt, ihr Immunsystem und ihre Widerstandskraft gegen Krankheiten wird gestärkt, sie reagieren in schwierigen Situationen weniger gestresst, sie können mehr leisten, gewinnen einen höheren Selbstwert, und ihre Beziehungen werden erfüllter und erfüllender. Menschen, die fünf Jahre hindurch regelmäßig meditieren, sind biologisch zwölf Jahre jünger als es ihrem Alter nach ihrem Geburtsjahr entsprechen würde. Der wichtigste Grund für Meditation ist jedoch, dass Sie sich mit Ihrer Seele verbinden.

Die Seele ist die Dimension Ihrer Bewusstheit, in der Sie gleichzeitig sowohl persönlich als auch universal sind. Wenn Sie sich mit Ihrer Seele verbinden, verbinden Sie sich mit dem Feld der Intelligenz, welches die unendlichen und so unterschiedlichen Vorgänge und Ereignisse des Universums orchestriert und dirigiert. Je häufiger und je besser Sie mit der Seele verbunden sind, desto mehr werden Sie zu einem wachen und bewussten Zeugen und Beobachter Ihrer eigenen Gedanken und Gefühle, Ihrer Wünsche und Sehnsüchte, Ihrer Absichten und Ziele. Sie nehmen sogar geringe Nuancen wahr im Wohlbefinden oder Unbehagen im Ihrem Körper.

Im nahtlosen Gewebe der Intelligenz ist Alles mit Allem verknüpft; selbst die geringste Störung in einem Teil des Feldes wirkt sich auf das gesamte Gewebe des Lebens aus. Wenn Sie sensibel sind und die kleinen Veränderungen in dem Mikrokosmos wahrnehmen, der Sie sind, dann werden Sie auch bewusster und deutlicher wahrnehmen, wie solche Fluktuationen den Makrokosmos des Universums beeinflussen. Als Folge dieser Bewusstheit entscheiden Sie sich in vollem Gewahrsein, sich auf solche Impulse der Intelligenz einzustimmen, die der Entwicklung am besten dienen und die sich in der unendlichen Vielfalt und Diversifizierung des Universums manifestieren.

Uni-vers-um, das ist *eine* Melodie, *ein* Lied, *ein* Vers. Divers weist auf viele Lieder oder unterschiedliche Verse ein und derselben Melodie hin. Wenn Sie sich auf die unendliche Vielfalt oder *Diversifizierung des Universums* einstimmen, dann harmonieren Ihre persönlichen Wünsche mit den Wünschen des Einen Seins. Ihre persönlichen Wünsche werden dann auch der Entwicklung, der Evolution dienlicher, weil sich das Eine Sein immer in Richtung einer zunehmenden Evolution bewegt. Ein evolutionärer Wunsch ist einer, der allen Beteiligten gleichermaßen und gleichzeitig Erfüllung bringt. Obwohl Ihr persönlicher Wunsch also durchaus Ihnen ganz persönlich dient und nutzt, wird er doch wie ein Kräuseln über das Meer des universellen Bewusstseins gehen und zugleich allen dienen, die mit diesem Wunsch irgendwie zu tun haben.

Eine Methode, um in das Reich der Seele einzutreten, besteht darin, die Augen zu schließen und sich zwanzig Minuten lang in die Stille zu begeben bzw. sich in Meditation zu versenken. Nach zwanzig Minuten Stille öffnen Sie Ihre Augen wieder und laden Ihre Lieblingsarchetypen ein, Ihre Heldinnen oder Helden, zu Ihnen zu kommen und sich in Ihnen auszudrücken. Vielleicht haben Sie eine Beziehung zu einer religiösen Gestalt wie Buddha, Jesus Christus, Mutter Maria oder

Mohammed. Oder Sie spüren eine Verbindung zu Ihren spirituellen Ahnen oder zu den mythischen Göttern und Göttinnen der Antike. Fangen Sie an, sich Fragen zu stellen wie diese:

> *Wer sind meine Vorbilder, meine Helden oder Heldinnen in der Geschichte, in der Mythologie, in der Religion? Wer inspiriert mich? Sie sind die Keime von Größe in mir.*

Während des Restes des Tages spüren Sie die Empfindungen in Ihrem Körper und immer, wenn Sie es mit einer Herausforderung oder mit einem Problem zu tun haben, bitten Sie Ihre Vorbilder, sich in Ihnen zu manifestieren und Sie anzuleiten. Dann lassen Sie kurz vor dem Schlafengehen den ganzen Tag noch einmal Revue passieren und machen sich klar: *Es ist bereits zu einem Traum geworden, es ist schon vorbei.* Beobachten Sie nur, was während des Tages geschehen ist, aber analysieren und bewerten sie es nicht. Betrachten Sie den Tag rückblickend, ohne zu urteilen, und sagen Sie sich: *Er ist vorbei.* Dann sagen Sie sich selbst: *So, wie ich den Tag betrachtet habe, werde ich meine Träume betrachten.* Wenn Sie dann am nächsten Morgen aufwachen und sich an Ihre Träume erinnern, sagen Sie einfach: *Es ist vorbei.*

Wenn Sie Zeit allein und in Stille verbringen, dann gibt Ihnen das die Möglichkeit, aus dem Gefängnis des Intellekts auszubrechen und sich von der Hypnose der gesellschaftlichen Konditionierung zu befreien. Indem

Sie den Geist zur Ruhe bringen, können Sie in das Reich des reinen Bewusstseins eintreten. Das Reich des reinen Bewusstseins ist unendlich friedlich und still und gleichzeitig unendlich dynamisch und bewegt. Es ist reine Kreativität in ihrer Essenz. In Schweigen und Alleinsein werden Sie eins mit dem Einen Sein, und das bringt Sie in Harmonie mit dem Kosmos.

In Schweigen und Alleinsein fühlen Sie sich nie einsam, denn Einsamkeit ist eine Entfremdung von allem. In Schweigen und Alleinsein erfahren Sie eine tiefe Verbundenheit mit allem. Und diese Verbundenheit, dieses Leben aus der Quelle, ist der Schlüssel zu Macht.

### *Nehmen Sie bewusst Eigenschaften des reinen Bewusstsein wahr*

Ich möchte Ihnen außerdem noch vorschlagen, sich die Eigenschaften des reinen Bewusstseins anzusehen und deutlich zu machen, und einen ganzen Tag lang, den Sie sich auswählen, in Ihrer Aufmerksamkeit zu halten. Was sind die Merkmale des reinen Bewusstseins? Es sind jene Eigenschaften, welche der unendlichen Vielfalt des Universums eine Struktur geben. Auf Ihrer einfachsten Bewusstseinsebene sind dies auch Ihre Merkmale.

Einige der Eigenschaften des reinen Bewusstseins sind reines Potenzial, unendliche Möglichkeiten, grenzenloses Schweigen, reines Wissen, Freiheit, Anpassungsfähigkeit, Ungebundenheit, Selbstgenügsamkeit, Selbstbezogenheit, vollständige Wachheit in sich selbst, unendliche Dynamik, unbegrenzte Kreativität, alles umfassende Korrelation und gegenseitige Beziehung zwischen allem, was ist, unendliche Organisationskraft, vollkommenes Gleichgewicht, ständige Evolution, Harmonisierung, Einfachheit, Wonne und Seligkeit sowie Unbesiegbarkeit.

An einem Tag können Sie zum Beispiel die Qualität der Freiheit in Ihrem Bewusstsein halten. Wie machen Sie das? Es bedeutet, dass Sie nicht etwa versuchen, Freiheit zu analysieren oder zu interpretieren, sondern nur Ihre Aufmerksamkeit auf das Wesen von Freiheit lenken. Bewahren Sie Freiheit in Ihrem Sinn und beobachten Sie, wie sich die Dinge in Ihrem Leben ändern. Seien Sie ein schweigender Betrachter von Freiheit; das allein wird Ihnen bereits Einsichten in das Wesen von Freiheit geben und wie sie entfaltet werden kann. Nach einer gewissen Zeit dieser Bewusstheitsübung werden Sie ganz spontan Freiheit erfahren.

An einem anderen Tag wählen Sie ein anderes Merkmal aus und behalten diese Eigenschaft dann in Ihrer Bewusstheit. Wenn Sie Ihre Aufmerksamkeit nun nach und nach auf die verschiedenen Eigenschaften des reinen Bewusstseins lenken, werden sie spontane Veränderungen in Ihrer Physiologie bewirken und sich in Ihrer Lebenswirklichkeit manifestieren.

### *Hören Sie nie auf, Fragen zu stellen*

Wenn Sie ein einfaches Rezept suchen, um Zugang zum Feld der Intelligenz zu erhalten, dann sollten Sie sich jeden Morgen, bevor Sie sich in eine Zeit der Stille oder Meditation zurück ziehen, auf Ihr Herz ausricht-en und sich die Frage stellen: *Wer bin ich? Was möchte ich?* Stellen Sie diese Fragen und dann warten Sie einfach ab und hören zu oder spüren in sich hinein. Das Universum ist ein Feld von Möglichkeiten, das sich entscheiden muss und das reagieren muss, wenn Sie ihm Fragen stellen. In dem Augenblick, in dem Sie diese Fragen stellen, beginnt die Antwort aufzutauchen. Wenn Sie diese beiden Fragen vorbringen, dann laden Sie das Feld der unbegrenzten Möglichkeiten dazu ein, für Sie Entscheidungen zu treffen, für Sie etwas auszuwählen. Bitten Sie einfach, und es wird etwas geschehen. Ein Zeichen wird in Ihrem Leben auftauchen, das diese Fragen beantwortet. Die Antworten können in Form einer Einsicht zu Ihnen gelangen, als Inspiration, als eine unerwartete Begegnung oder ein plötzlicher schöpferischer Impuls. Die Antworten tauchen im Rahmen von Synchronizitäten und Koinzidenzen auf, in einer Beziehung, einer Situation, einem Umstand oder einem Ereignis.

Einige andere Fragen, die Sie sich stellen können, sind: Was ist der Sinn und Zweck meines Lebens? Welchen Beitrag kann ich meiner Familie, meiner Gesellschaft, meiner Welt leisten? Was sind meine ganz besonderen Talente oder Gaben und wie kann ich sie im Dienste der Menschheit zum Ausdruck bringen? Was macht mich glücklich? Welche Eigenschaften suche ich bei Freunden? Welche Eigenschaften möchte ich in meine Beziehungen einbringen?

Fahren Sie fort, Fragen zu stellen und erlauben Sie den Antworten, sich sozusagen selbst auszubrüten. Diese Zeitspanne des Heranreifens von Antworten macht es dem kosmischen Computer möglich, der Essenz des unendlichen Bewusstseins und der umfassenden Korrelation, die unzähligen Einzelheiten in der ganzen Komplexität der Situation „zu berechnen" und Ihnen die richtige Antwort zu geben.

Indem Sie Fragen stellen, fangen Sie an, die vielen Bereiche Ihres Lebens zu erforschen. An wen richten Sie diese Fragen? An Ihr eigenes inneres Selbst. Der Dichter Rumi sagt: „Das ganze Universum existiert in dir; stelle dir selbst alle Fragen." Jede Erfüllung entspringt aus der Kreativität Ihrer eigenen Seele. Es gibt nichts, das nicht gelöst werden könnte, indem Sie Ihrer Seele erlauben, eine schöpferische Lösung dafür zu finden.

Hören Sie niemals auf, Fragen zu stellen. Suchen Sie nicht nach Antworten, sondern stellen Sie Fragen. Die Macht, die in uns allen schläft, wird nicht erwachen, bis wir sie rufen.

## SCHLÜSSELGEDANKEN

*Um Macht zu erfahren und anzuwenden:*

- Verbringen Sie Zeit in stiller Kommunion mit Ihrer Seele.
- Nehmen Sie bewusst Eigenschaften des reinen Bewusstseins wahr.
- Hören Sie nie auf, Fragen zu stellen.

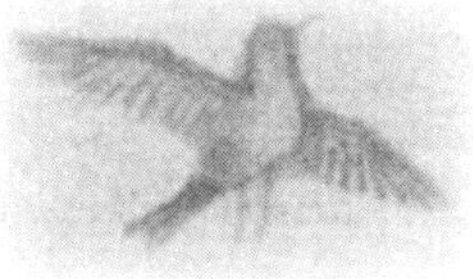

## • 10 •

## Was ist Freiheit und wie erlebe ich sie?

*Freiheit:*
*Die Fähigkeit und Vollmacht, ohne Einschränkungen oder Begrenzungen denken oder handeln zu können;*
*die Fähigkeit und Kraft,*
*auszuwählen und Entscheidungen zu treffen.*

Einer der wichtigsten Aspekte des Lebens ist das Gefühl von Freiheit und Ungebundenheit sowie das Gegenstück dazu, das Gefühl von Gebundenheit bzw. Unfreiheit. Unser letztes und höchstes Ziel ist, Freiheit zu erfahren. Um Freiheit zu verstehen, müssen wir erst verstehen, was Gebundenheit ist. Was bedeutet es, frei zu sein und was heißt es, gebunden zu sein?

Gebunden zu sein bedeutet, in dieser oder jener Ausdrucksmöglichkeit gefangen zu sein und die Chance und Fähigkeit verloren zu haben, aus einem unendlichen Spektrum an Verhaltensmustern und Möglichkeiten zu wählen. Woran sind wir gebunden? Bindung erfolgt immer an unsere eigenen Grenzen, unsere Überzeugungen und Glaubensmuster und unsere konditionierten, vorgeprägten Reaktionsmuster. Grenzen, Bindungen und feste Überzeugungen sind nicht mehr als Ideen, Konzepte oder Vorstellungen, denen wir uns verpflichtet und die wir als unumstößliche Wahrheit akzeptiert und verinnerlicht haben. Wenn sie dann so kompakt und erstarrt wie Beton werden, können wir nicht über sie hinaus sehen. Sie werden dann zu Gefängnismauern, die wir unbewusst und unabsichtlich um uns selbst herum errichten.

Sie hüllen sich selbst in Gedanken ein, so wie eine Spinne Fliegen in den Spinnweben ihres Netzes einfängt. Sie sind dabei sowohl die Spinne als auch die Fliege; Sie verstricken sich in Ihrem eigenen Netz. Ihr ganzes jetziges Leben und ebenso frühere Leben sind in Ihnen als Prägungen, Eindrücke oder Energiemuster eingewickelt, die von Worten, Begegnungen und Beziehungen ausgelöst werden. Sie sind konditioniert worden, Ihre Erfahrungen auf eine gewisse Art und Weise zu deuten, und das bestimmt nun, wie Sie darauf reagieren, wie Sie sich verhalten. Jede Bindung oder Beschränkung, jede Behinderung oder Unfreiheit die Sie erleben, stellt in Wahrheit das Gefängnis Ihrer eigenen Konditionierung dar.

Die meisten Menschen verbringen ihr gesamtes Leben in Gebundenheit. Sie sind ein Bündel von Nerven und vorgeprägten Reaktionsmustern, die ständig von anderen Leuten und Umständen ausgelöst werden und zu völlig unvorhersehbaren Resultaten führen. Um frei von Gebundenheit zu werden, müssen wir die eingeprägten Verhaltensmuster und Reaktionsweisen niederreißen, wir müssen die Grenzen überschreiten und das Grenzenlose erfahren.

Was ist Freiheit? Freiheit entspringt aus dem erlebten und immer wieder erfahrenen und bestätigten Wissen um unsere wahre Natur, die bereits frei ist. Freiheit gründet sich auf die Entdeckung, dass unser wahres Wesen, unsere Essenz, das von Freude erfüllte Feld des unendlichen und unbegrenzten Bewusstseins ist, das die gesamte Schöpfung belebt. Um diese Erfahrung des stillen Betrachters zu erlangen, müssen wir nichts anderes tun als zu sein. Dann sind wir frei. In diesem Zustand von Freiheit verstehen wir, dass Leben die sinnvolle Koexistenz aller entgegengesetzten Werte darstellt. Wir erfahren Glück oder Leid, aber wir haften und kleben nicht am Vergnügen oder der Freude, und wir schrecken nicht zurück aus Angst vor Leid oder Schmerz. In der Freiheit verlieren wir sogar unsere Angst vor dem Tode, weil der Glaube an die Sterblichkeit lediglich wie ein Zauberspruch und Bannfluch ist, den wir auf uns selbst geworfen haben.

Hinter der Maske der Sterblichkeit ist das Feld der Unsterblichkeit. Ihr wahrer Kern, Ihr wahres Selbst ist unsterblich; es ist jenseits von Geburt und Tod. Das wahre Selbst ist nicht Ihr Ego, das der Zeit unterliegt, das zeitgebunden ist; vielmehr ist es Ihr Spirit, der zeitlos ist. Wenn Sie das erkennen, wenn Sie sich mit Ihrem Geist, Ihrem bewussten Sein identifizieren, dann sind Sie frei von jeder Begrenzung, und dazu gehört auch die mentale Begrenzung, dass Sie eine Person sind, welche für die Dauer einer Lebensspanne in einem Körper gefangen sind. Sie sind die Quelle und der Ursprung sowohl des Körpers wie des Verstands, und Sie werden von dieser Welt des Wandels in Wahrheit nicht berührt, weil Sie wissen, dass Sie die unwandelbare, unveränderliche Essenz des reinen Bewusstseins selbst sind.

Das, was zeitlich bedingt und gebunden ist, kommt und geht, es taucht auf und verschwindet wieder. Das Zeitlose ist immer da. Das Zeitgebundene ist das Bekannte, das Zeitlose ist das neue und frische Unbekannte. In unserer Süchtigkeit nach dem Zeitgebundenen haben wir eine Realität von Trennung und Leiden erschaffen und als unsere vermeintliche Weltwirklichkeit projiziert. Wir leben in einem kollektiven Alptraum, wir stehen kollektiv unter einer Halluzination, durch die wir von unseren eigenen Projektionen gebunden und gefangen werden. Vergangenheit und Zukunft bestehen nur in der Vorstellung; Wirklichkeit gibt es nur in diesem Augenblick. Leiden findet in der Vorstellung statt; Freiheit existiert in diesem Moment. Jenseits all der Hindernisse auf dem Weg in die

Freiheit gibt es eine Welt, die frei von allen Projektionen ist. Es ist die Welt des unbegrenzten und unendlichen Bewusstseins, und diese Welt wohnt im ewigen Augenblick und bleibt ihm treu.

Es gab keinen einzigen Zeitpunkt, in dem Ihr Leben nicht dieser Augenblick war. Es wird nie einen Zeitpunkt geben, in dem Ihr Leben nicht dieser ewige Augenblick sein wird. Es ist völlig unmöglich, sich mit dem zu beschäftigen, was nicht in diesem Augenblick existiert. Leben Sie deshalb in diesem Moment, indem Sie Ihre Aufmerksamkeit auf ihn gerichtet halten. Wohnen Sie in diesem Moment und seien Sie ihm treu: Dann werden Sie in dem sein, was ewig ist, zeitlos, alterslos, frisch und neu.

Das Universum erfährt sich aus unzähligen Perspektiven selbst, in diesem Augenblick! Einer dieser Gesichtspunkte sind Sie, in diesem Moment. Sie sind unendlich, grenzenlos, ungebunden – nirgendwo speziell, sondern überall gleichzeitig. Nirgendwo speziell heißt aber auch hier*. Wenn Sie im Hier und Jetzt leben, erkennen Sie, dass Ihr wahres Selbst im zeitlosen, ewigen Augenblick lebt. Sie wollen dann nicht mehr länger in den Erinnerungen aus der Vergangenheit oder den Vorstellungen über die Zukunft leben. Sie möchten dann im gegenwärtigen Moment leben, in dem Sie die Macht und Freiheit der Entscheidung besitzen, in

* In der Vorlage ein englisches Wortspiel, das nicht übersetzt werden kann: „Nowhere is also *now here.*“ – „Nirgendwo ist auch jetzt hier.“ (Anm.d.Ü.)

dem Sie auswählen können, was Sie denken, tun und erleben.

Der ganze Sinn und Zweck, in Freiheit zu leben, besteht darin, sich über die Entscheidungen zu freuen, dic Sie in jedem Moment der immerwährenden Kette von Momenten in der jeweiligen Gegenwart treffen. Ich bin gefragt worden: „Ist die Welt eine Welt des freien Willens oder ist alles vorherbestimmt?" Die Welt ist sowohl deterministisch, also vorherbestimmt, als auch eine Welt des freien Willens. Wenn Sie wach und bewusst sind und ohne Konditionierungen, dann haben Sie freien Willen und leben in Freiheit. Wenn Sie jedoch unbewusst und von allen möglichen Dingen, Situationen, Menschen, Vorstellungen und so fort geprägt und beeinflusst sind, dann haben Sie keinen freien Willen, und Ihre Welt ist deterministisch.

Die Gegenwart ist der Augenblick der Auswahl und Entscheidung und der Interpretation der Wirklichkeit. Ihre Entscheidungen in diesem Moment erschaffen die äußeren Ereignisse, die Sie in diesem Augenblick erfahren. Ihre Interpretationen in diesem Moment kreieren die inneren Geschehnisse, die Sie in diesem Augenblick erleben. Und weil die „Außenwelt" ein Spiegel Ihrer „Innenwelt" ist, stehen Ihre Entscheidungen und Interpretationen in einem gegenseitigen Verhältnis; sie erzeugen sich gegenseitig und halten sich gegenseitig aufrecht. Erinnern Sie sich daran, dass Sie weder die Entscheidung noch die Deutung, sondern die Quelle von beidem sind. Der Schlüsselfaktor ist deshalb die stille Betrachtung, die schweigende Beobachtung. Sobald Sie sich Ihrer Entscheidungen und Deutungen bewusst werden, werden Sie beginnen, die Freiheit zu Entscheidungen zu erfahren.

Der stille Beobachter ist Bewusstheit an sich. Bewusstheit, Bewusstheit seiner selbst, ist Präsenz, profunde Weisheit und Frieden. Der Schlüssel zu Freiheit liegt deshalb in einem Bewusstsein, das auf sich selbst bezogen ist. Das heißt, dass Sie sich mit Ihrem inneren Selbst identifizieren anstatt mit Ihrem Selbstbild. In dieser Freiheit liegt auch die Fähigkeit, spontan Ihre Aufmerksamkeit auf solche Wahlmöglichkeiten und Entscheidungen zu richten, die Ihnen und auch anderen Menschen Freude machen.

### *Erfahrung und Anwendung von Freiheit*

Üben Sie, ein auf das Leben und den gegenwärtigen Moment gerichtetes Bewusstsein zu bewahren

Kommen Sie aus dem Gefängnis der zeitgebundenen Bewusstheit heraus und treten Sie in die Welt der Zeitlosigkeit und Freiheit ein. Das Gefängnis des gefesselten Geistes ist die Welt der Getrenntheit und des Leidens. Die Welt der Zeitlosigkeit ist die Welt des reinen Bewusstseins, in der jeder Augenblick voller Freiheit ist. Dieser Augenblick Ihres Lebens ist frei und befreit, denn alle Ihre Sorgen und Nöte leben in der Vergangenheit oder der Zukunft. Das heißt, dass sie nur in Ihrer Vorstellung leben.

Wenn Sie eine Situation beunruhigt, dann fragen Sie sich: *Was stimmt jetzt nicht?* Wenn Sie das tun, dann werden Sie realisieren, dass es in diesem Augenblick jetzt gar keine Probleme gibt. Unterscheiden Sie, trennen Sie die Situation von diesem Moment, weil die Situation und die Umstände vergehen werden, während der jetzige Moment, der ewige Augenblick, bleiben wird. Die Umstände ändern sich ständig, aber jeder Moment bleibt vollkommen und unwandelbar.

Halten Sie Ihre Aufmerksamkeit auf diesen Augenblick gerichtet. Dieser Moment ist der *einzige* Moment, in dem Sie die Macht haben zu agieren. Sie können in der Vergangenheit nichts mehr tun, und Sie können auch noch nichts in der Zukunft unternehmen. Wenn Sie also der Vergangenheit nachhängen oder in die Zukunft entfliehen, dann fühlen Sie sich ohnmächtig. Leben findet in diesem Moment statt. Leben Sie also in diesem Augenblick. Richten Sie Ihre Absicht auf diesen Augenblick. Lassen Sie für diesen einen Moment alle Ihre Sorgen und Kümmernisse los. Bleiben Sie in diesem Augenblick. Das ist dann eine Bewusstheit, die auf das Leben gerichtet und ganz präsent ist.

Sie können aus diesem Augenblick einen Akt der Schönheit und Vollkommenheit machen, indem Sie eine auf das Leben und den gegenwärtigen Moment ausgerichtete Bewusstheit bewahren. Das Tor zur Ewigkeit ist jetzt offen, und wenn Sie im Augenblick leben, leben Sie aus der Quelle. In jedem Moment ist die Tür zur Quelle offen. Die Quelle hat Sie nie verlassen, aber es ist leicht, sie zu übersehen, wenn man angefüllt ist von Erinnerungen an die Vergangenheit und Vorstellungen über die Zukunft. Wenn Ihre Aufmerksamkeit im Augenblick ist, wenn Sie auf das achten, was ist, dann sehen Sie die Fülle des Moments. Das steht jetzt in Ihrer Macht, weil Jetzt die einzige Zeit ist, die Sie dafür haben.

Jetzt ist der Augenblick, der nie endet. Wenn die Vergangenheit vorbei ist, dann ist sie das Jetzt. Wenn die Zukunft passiert, dann geschieht sie jetzt. Die Gegenwart ist der einzige Augenblick, der nie aufhört, weil die Gegenwart zeitlos und unermesslich ist. Die Gegenwart ist das unendliche, unbegrenzte Bewusstsein, das alles ist, was war, was jetzt ist und was sein wird.

Was ist, das ist die Tätigkeit des totalen Universums in gerade diesem Augenblick. Damit irgendetwas passiert, muss das Universum sich ganz genau so verhalten und müssen seine Prozesse ganz genau so ablaufen, wie das geschehen ist und wie es gerade geschieht. Jedes Ereignis im Leben ist eine „Verschwörung" des gesamten Universums. Wenn Sie also diesem Augenblick widerstreben, dann gehen Sie in Widerstand zum ganzen Universum. Erinnern Sie sich daran, dass es nicht schwierige Situationen sind, die Leiden erzeugen, sondern vielmehr ist es der Widerstand gegen bestimmte Umstände, der Leiden schafft. Wenn Sie Widerstand spüren, dann nimmt Ihr Unbewusstes bzw. Ihr Unterbewusstsein eine Situation als unerträglich bzw. untragbar an. Ihr Widerstand verstärkt jedoch leider nur noch die Situation, er verschlimmert sie, weil Ihre Aufmerksamkeit nun voll und ganz auf dieses Problem gerichtet ist.

Selbst wenn gewisse Umstände unerfreulich sind, unterscheiden Sie doch zwischen der Situation und diesem Augenblick, und lassen Sie sich auf den Augenblick ein, geben Sie sich gewissermaßen dem Moment hin. Sich hinzugeben bedeutet, sich in den Fluss des Lebens einzulassen. Die Situation, die diesen Augenblick umgibt, mag unerträglich sein, aber der Moment selbst ist doch vollkommen. Indem man sich diesem Augenblick hingibt und macht, was die Situation erfordert, ruht man im Sein, während man handelt. Das ist es, wovon man sagt „In der Welt sein, aber nicht von der Welt sein."

Wenn Sie sich diesem Augenblick hingeben, dann handeln Sie von der Ebene der Seele aus. Und wenn Sie von der Ebene der Seele aus agieren, dann machen Sie in diesem Moment das Richtige. Sie agieren, ohne zwanghaft von der Erinnerung an einen Widerwillen, eine Verärgerung, ein Unrecht oder einen Groll getrieben zu sein. Wenn Sie auf der Ebene der Seele handeln, dann handeln Sie wie ein wahrer spiritueller Krieger – ohne Zorn, Selbstgerechtigkeit, Groll oder Klagen.

Lernen Sie, von Moment zu Moment zu agieren, als gelassener, gelöster, an nichts haftender stiller Beobachter. Dann werden Sie ganz spontan das Richtige tun, zum richtigen Zeitpunkt und mit Einfühlungsvermögen. Eine solche Handlungsweise ist frei von Gebundenheit und zieht kein Leiden nach sich. Die Situation wird sich immer von Augenblick zu Augenblick verändern; das ist der Wille des Einen Seins. Wenn Sie jedoch mit und in dem Moment fließen, werden Sie sich auf den Willen des Einen Seins eingestimmt haben. Wenn Sie sich in den Moment „ergeben“, dann handeln Sie ohne Erwartungen, aber sicherlich mit einem beabsichtigten Ergebnis. Ein Ergebnis, das man ohne Erwartungsmuster oder Zwanghaftigkeit anstrebt, wird seine eigene Erfüllung in die Wege leiten. Das ist so, weil die Macht des ganzen Universums hinter dieser Absicht steht, in diesem Augenblick. Das Universums operiert immer nur im ewigen Jetzt. Wenn Sie in diesem Moment also eine Entscheidung treffen bzw. mit voller Absicht und Bewusstheit etwas durchführen, dann bewegen Sie sich im Fluss des evolutionären Impulses des Universums. Sie tun, was in diesem Moment getan werden muss, auf einwandfreie, tadellose Weise. Die Resultate überlassen Sie dem Unbekannten.

Immer wenn Sie Widerstand oder Ablehnung spüren, beobachten Sie das einfach genau; dann lassen Sie sich ein bzw. geben Sie sich dem hin, was ist. Wenn Sie feststellen, dass Sie sich einer problematischen Situation nicht einfach „ergeben“ können, dann ergeben Sie sich Ihrem Schmerz und Leid. Betrachten Sie Ihre

Empfindungen, fühlen Sie sie. Denken Sie über den Schmerz nicht nach, sondern fühlen Sie ihn. Die Quelle ist immer die Ganzheit. Sie möchte Sie heilen und Ihren Schmerz aufheben, nicht indem schmerzliche Erinnerungen ausgelöscht werden, sondern indem Sie ganz in die Gegenwart versetzt werden, in der die Vergangenheit nicht existiert. Wenn Sie ganz auf das Leben im Hier und Jetzt, in der Präsenz dieses Augenblicks, ausgerichtet sein können, dann sind Sie frei.

Eine Technik, die hilft, jeden Augenblick mit Bewusstheit zu leben, mit Leichtigkeit, ist die Beobachtung der Atmung. Ihr Atem geschieht weder in der Vergangenheit noch in den Zukunft; er vollzieht sich immer nur in der Gegenwart. Mit jeder Einatmung gelangt das unendliche Bewusstsein zu Ihnen, mit jeder Ausatmung wenden Sie sich dem unbegrenzten Bewusstsein zu. Im Zwischenraum zwischen der Ein- und der Ausatmung lassen Sie sich in das unendliche bewusste Sein ein. In Wahrheit gibt es bei der Atmung kein Kommen und Gehen, sondern Sie sind ewig im Fluss. Beobachten Sie einfach Ihren Atem und praktizieren Sie Bewusstheit, die auf das Leben im gegenwärtigen Moment gerichtet ist. Wenn Ihnen das gelingt, dann gelangen Sie auf eine Ebene des Bewusstseins, auf der Sie Ihre Aufmerksamkeit auf das gerichtet halten, was ist, wo Sie die Präsenz von Spirit spüren und die Fülle jedes Augenblicks bewusst erleben.

Das ganze Universum dreht sich und wirbelt aus dem Nichts hervor – jetzt! Hinter all dem Lärm und der Geschäftigkeit Ihres Lebens ist Schweigen und Stille – jetzt! Die Macht des reinen Bewusstseins ist jetzt gegenwärtig. Die Freiheit des ungebundenen, zeitlosen Spirits ist jetzt präsent. Die Gnade der einfachen, natürlichen Schönheit des Lebens ist im Hier und Jetzt präsent.

Der Dichter und Mystiker Rumi sagt dazu: „Vergangenheit und Zukunft verhüllen Gott vor unserem Blick; verbrenne sie beide mit dem Feuer der Gegenwart." Gottes Gegenwart ist jetzt, und Zeit ist für Gott kein Hindernis.

### *Beobachten Sie Suchtmuster ohne Bewertung*

Das üblichste und häufigste menschliche Verhalten besteht in nichts anderem, als Schmerz und Leid zu vermeiden und Freude und Vergnügen anzustreben. Immer, wenn wir irgendetwas erleben, ob das nun ein Besuch beim Zahnarzt ist oder ein Ausflug zu einem Musical: Unser Bewusstsein registriert diese Erlebnisse innerlich als etwas, was es an einer Skala misst, an deren unterem Ende großes Leid und schlimme Schmerzen und an dessen oberem Ende ungeheure Freude und Glück stehen. Wenn das Erlebnis vorbei ist, wird es entweder als Leid oder als Vergnügen etikettiert und bleibt als solches in unserem Körper-Geist gespeichert.

Erinnerung ist nützlich, weil sie uns ein Gefühl der Kontinuität vermittelt. Erinnerung kann jedoch auch zu einem Gefängnis werden, wenn sie uns auf vorhersehbare Weise prägt und konditioniert. Der große Yogi Lord Shiva sagte: „Ich nutze Erinnerungen, aber ich erlaube Erinnerungen nicht, mich zu benutzen." Wir müssen Erinnerungen nutzen, sonst würden wir ja den Weg nach Hause gar nicht mehr finden. Wenn wir Erinnerungen für uns nutzen, sind wir Schöpfer. Wenn unsere Erinnerungen uns benutzen, werden wir zu Opfern.

Ihr Spirit lädt Sie ein, aus dem Gefängnis der Erinnerungen und konditionierten Verhaltensmuster in die Erfahrung von Freiheit hinauszutreten. Und der nächste Schritt während der Flucht in die Freiheit besteht darin, Ihr Suchtverhalten ohne Bewertung anzuschauen. Suchtmuster sind die schlimmste und am weitesten verbreitete Krankheit der Gesellschaft, die direkt oder indirekt mit allen anderen Krankheiten zu tun haben. Die körperlichen Süchte sind bekannt, wie Esssucht, Tabak- und Alkoholsucht, Drogensucht. Es gibt auch psychologisches Suchtverhalten wie bei Workaholics, Sexsucht, Fernsehsucht, Shopping-Sucht, die Sucht, jung zu wirken, andere Leute zu kontrollieren, zu leiden, die Sucht nach Angst, Melodrama und den Perfektionswahn.

Warum sind wir nach all diesen Dingen süchtig? Wir sind süchtig, weil wir nicht aus unserer Quelle leben; wir haben unsere Verbindung zu unserer Seele verloren. Der Missbrauch von Nahrungsmitteln, Alkohol, Drogen oder Medikamenten ist im Grund genommen eine äußerliche Reaktion auf ein Bedürfnis, das von seiner Wurzel her nicht wirklich physisch ist. Trunksucht ist zum Beispiel der Versuch, persönliche Erinnerungen zu vergessen, damit man die Seligkeit des Überpersönlichen, des Universellen erfahren kann. Wir suchen nach reiner Freude anstatt nach bloßer Sinneserregung oder schierem Vergessen jeglicher Empfindungen. Autoaggressives Verhalten und Muster der Eigensabotage sind nicht als solche erkannte spirituelle Sehnsucht. In Wahrheit sind alle Süchte der Versuch, die Erhebung und den Jubel des Geistes zu erfahren, und diese Suche hat mit Bewusstseinserweiterung und mit der Berauschung durch Liebe zu tun, die beides Ausdruck des reinen Bewusstseins sind.

Immer wieder und wieder haben Menschen versucht, ihr Suchtverhalten mit Hilfe von psychotherapeutischen Methoden, mit Verhaltensänderungen oder durch Medikation zu überwinden. Keiner dieser Ansätze bietet eine dauerhafte Heilung. Die einzige Heilung für Suchtverhalten ist spiritueller Natur. Wir hungern nach ekstatischen Erfahrungen. Das ist ein so grundlegendes Bedürfnis wie das Bedürfnis nach Nahrung, Wasser oder einem Dach über dem Kopf. Ekstase bedeutet wörtlich übertragen „heraus zu treten". Wahre Ekstase heißt, aus der Gebundenheit durch die materialistische Welt von Zeit und Raum heraus zu treten. Wir sehnen uns danach, aus den Begrenzungen durch den Körper heraus zu gelangen. Wir möchten gern frei von Ängsten und Beschränkungen sein. Wir hungern danach, unser Ego zu vergessen, damit wir unser unendliches, unbegrenztes Wesen und Sein erfahren können.

Beginnen Sie heute damit, Ihre Suchtmuster zu transzendieren, indem Sie diese Verhaltensweisen ohne Bewertung anschauen. Wachen Sie jeden Morgen mit einem Gebet auf: „Ich danke dir, Gott, dass du mich genau so gemacht hast, wie ich bin." Dann beobachten Sie sich selbst. Werden Sie zum Zeugen Ihrer Gedanken, Stimmungen, Reaktionen und Verhaltensweisen. Sie stellen Ihre Erinnerungen aus der Vergangenheit dar, und wenn Sie diese Muster nun in der Gegenwart bewusst betrachten und quasi zu deren neutralem Zeugen werden, dann befreien Sie sich von der Vergangenheit. Indem Sie Ihre Suchtmuster beobachten, betrachten Sie Ihre Konditionierungen. Und wenn Sie Ihre Konditionierung beobachten, sind Sie frei davon, weil Sie selbst nicht Ihre Konditionierung sind, sondern vielmehr der Betrachter Ihrer Prägungen.

Betrachten Sie das Schweigen zwischen Ihren Gedanken, Ihren Handlungen, Ihren Reaktionen, und Sie werden in der Stille dieser Räume die Präsenz des Geistes entdecken. Mit der bloßen Beobachtung Ihrer selbst stoßen Sie den Prozess der Heilung und Transformation an. Und wenn Sie diese Art der allgegenwärtigen Bewusstheit Ihrer selbst weiter praktizieren, dann beginnen Einsichten, Intuition, Imaginationskraft und zielgerichtete Absicht zu erblühen.

Ich bin immer wieder einmal gefragt worden: „Wenn das Universum so wunderbar organisiert worden ist und wir mit diesem großen menschlichen Potenzial geboren sind, warum sind wir dann so unwissend?“ Na ja, wenn wir schon erleuchtet wären, dann gäbe es ja nichts mehr zu tun. Es ist ein Prozess, ein Vorgang, der abläuft. Wenn Sie gelegentlich in Ihre Suchtmuster zurück fallen, dann sollten Sie wissen, dass auch das Teil des Prozesses ist. Sie fallen zwar vielleicht wieder darein zurück, aber Sie können immer wieder aufstehen und Ihre Reise fortsetzen.

Wie hysterisch Ihre Umgebung auch erscheinen mag, sollten Sie doch wach und nüchtern in Ihrer immerwährenden beobachtenden Bewusstheit bleiben. Entschließen Sie sich, sich nicht in das Melodrama um Sie herum auch noch hinein ziehen zu lassen. Erinnern Sie sich daran:

*Ich bin weder überlegen noch unterlegen gegenüber irgend jemandem, der existiert. Ob ich nun Heiliger bzw. Heilige oder Sünder bzw. Sünderin bin, ist doch der Spirit, der in mir wohnt, der göttliche Geist. Er hat in dieser Lebensspanne eine bestimmte Rolle angenommen; in anderen Lebenszeiten hat er andere Rollen übernommen. Ich achte und ehre den göttlichen Geist in mir und in allen Wesen als etwas Heiliges und Verehrungswürdiges, gleich, welche Rolle er gerade spielt.*

Keiner von uns ist die Rollen, die wir spielen. Wenn wir diese Wahrheit erkennen und annehmen, fällt es leichter, alle vermeintliche Übergriffen zu verzeihen. Wir fühlen uns dann nicht verpflichtet zu urteilen, zu etikettieren, zu analysieren oder uns selbst und andere zu bewerten. Wenn wir kein Bedürfnis haben, einzuordnen oder zu bewerten, fällt es leichter, den Wunsch loszulassen und aufzugeben, andere Menschen zu kontrollieren und zu manipulieren.

Indem wir das wahre Wesen der Wirklichkeit erkennen, wird es möglich, über das Leiden hinaus zu gehen. Wenn Sie über Leiden hinaus gehen, helfen Sie anderen, das Leiden hinter sich zu lassen. Während Sie auf Ihrer Reise der Heilung voran schreiten, helfen Sie anderen zu heilen. Und Sie können zu heilen beginnen, indem Sie Ihre Suchtmuster anschauen, ohne sie zu bewerten. Sobald Sie Ihr wahres Selbst gefunden haben, sobald Sie ganz geworden sind, wird die einzige Berauschung, die Sie erfahren und die Sie erfahren möchten, die Berauschung des reinen Bewusstseins, des reinen Seins.

### *Transzendieren Sie Ihre Angst vor dem Unbekannten*

In jedem Augenblick liegt ein Punkt der Begegnung, eine Kreuzung sozusagen, zwischen dem Unbekannten und dem Bekannten. An dieser Kreuzung verwandelt sich das Unbekannte in das Bekannte. Was ist das Bekannte? Das Bekannte ist all das, was bereits geschehen ist. Sobald Sie sagen, „das kenne ich“, „das weiß ich", ist es in der Vergangenheit, ist es vorbei. Das Bekannte ist eine Erinnerung.

Und was ist das Unbekannte? Das Unbekannte ist das Feld aller Möglichkeiten in der Kette der auf einander folgenden Momente der Gegenwart. Das Unbekannte ist unbegrenzt und frei. Sie selbst sind in diesem Augenblick das Unbekannte, und alles von diesem Augenblick an ist das Unbekannte.

Es ist eine Tatsache: Sie leben und atmen und agieren bzw. funktionieren immerzu in diesem Unbekannten, während Sie so tun, als ob es das Bekannte sei. Indem Sie sich an eine Vorspiegelung, an einen unzutreffenden Anspruch klammern, an eine Illusion, verlieren Sie den Kontakt mit dem, was real ist. Sie fangen dann an, das zu fürchten, was flüchtig ist, vorübergehend auftritt, was irreal ist, einschließlich des Todes.

Die meisten Menschen haben Angst vor dem Unbekannten, obwohl Sie lieber Angst vor dem Bekannten spüren sollten. In dem zu leben, was bekannt ist, heißt, im Gefängnis der Vergangenheit zu leben und deshalb in der reinen Vorstellung. Das Bekannte ist eine Illusion. Die wahre Realität ist das Unbekannte; warum sollten wir also nicht in dem leben, was tatsächlich wirklich ist? Wenn wir in das Unbekannte hinein treten, sind wir frei von jeglichen Begrenzungen, weil uns in jedem Moment unserer Existenz frische neue Möglichkeiten zur Verfügung stehen.

Reines Bewusstsein ist unendlich flexibel und anpassungsfähig und ungebunden; das ist die Natur von

Sein. Konditioniertes Denken ist unflexibel und durch unser Haften an unseren Ideen, Vorstellungen, Ansichten und Glaubensmustern starr und gebunden. Freiheit ist die Erfahrung dessen, was ungebunden ist. Wenn Sie wirklich frei sind, dann sind Sie in jeder Situation anpassungsfähig. Diese Flexibilität verleiht Ihnen eine innere Stärke und Stabilität, die von keiner anderen Erfahrung übertroffen werden kann.

Zu Freiheit gehört Akzeptanz; das anzunehmen, was zu einem kommt, und das loszulassen, was von einem fort geht. Zu Freiheit gehört, das Bekannte los zu lassen und die Bereitschaft und das Vertrauen zu haben, in jedem Augenblick in Ihrem Leben in das große Unbekannte einzutreten. Auch wenn es um den Tod geht, denken Sie nicht über den Tod, haben Sie keine Angst vor dem Tod, sondern sterben Sie jeden Moment. Als Paulus sagt, „Stirb für den Tod" und „Ich sterbe täglich", meinte er damit, jeden Augenblick für die Vergangenheit zu sterben. Gehen Sie hinein in das, was gerade jetzt geschieht, und Sie sterben sowohl für die Vergangenheit als auch für die Zukunft. Wenn Ihnen das gerade jetzt gelingt, dann können Sie sogar die Angst vor dem Tode besiegen.

Lassen Sie nicht eingebildete Ängste vor Zukunft Ihre Gegenwart beeinflussen. Und lassen Sie auch nicht Erinnerungen an die Vergangenheit die Zukunft beeinflussen. Seien Sie frisch. Jedes neugeborene Kind stellt das Universum dar, das sich mit frischen Augen neu anschaut. Wenn Sie das Universum mit neuen, frischen Augen betrachten, sterben Sie für das Bekannte. Wenn Sie aus dem Strom der Erinnerungen und Konditionierungen heraus treten und die Welt ansehen können, als wäre es das erste Mal, dann können Sie in diesem Moment eine neue Welt erschaffen.

Dieser Moment ist ein Moment der Macht, in dem sich das Universum neu erschafft. In diesen Augenblick einzutauchen heißt, in das Unbekannte einzutauchen, sodass aus ihm das Bekannte wird. Das Unbekannte ist das frische Gefühl unendlicher Möglichkeiten. Es ist werdendes Sein, es ist ein Sein, das sich verwandelt und entwickelt. Jeder Moment, den Sie leben, ist ein Moment, der vor Möglichkeiten überfließt.

Wenn Sie die Ketten Ihrer eigenen Bindungen erst einmal zerbrochen haben, können Sie jedem Ereignis in Ihrem Leben den Stempel Ihrer eigenen Wirklichkeit aufprägen. In diesem Zustand von Freiheit sind Sie nicht mehr länger verirrt und verloren in der Tyrannei einer eingebildeten Vergangenheit oder der Angst vor einer vorgestellten Zukunft. In diesem Zustand von Freiheit erfahren Sie Wahrheit, Schönheit, Güte und Harmonie.

Der Dichter Rumi sagt: „Wir schmecken in diesem Augenblick den Geschmack der Ewigkeit." Überwinden Sie, transzendieren Sie Ihre Angst vor dem Unbekannten, indem Sie Ihre Aufmerksamkeit und Bewusstheit auf den gegenwärtigen Moment richten. Dann werden Sie die Erfahrung von Freiheit machen, dann werden Sie Freiheit schmecken.

## SCHLÜSSELGEDANKEN

*Um Freiheit zu erfahren und zu leben:*

- Üben Sie, ein auf das Leben und den gegenwärtigen Moment gerichtetes Bewusstsein zu bewahren.
- Beobachten Sie Suchtmuster ohne Bewertung.
- Transzendieren Sie Ihre Angst vor dem Unbekannten.

• 11 •

# Was ist Gnade und wie lebe ich darin?

*Gnade:*
*Der mühelose Fluss des Seins;*
*Liebe und Gunst, die uns frei*
*und aus der Fülle erwiesen werden.*

Gnade ist der mühelose Fluss von Sein, Existenz und Erfahrung, der sich ergibt, wenn wir in Harmonie, in Übereinstimmung mit dem Leben sind, wenn die Rhythmen unseres Körper-Geistes synchron zu den Rhythmen der Natur verlaufen. In Gnade zu leben heißt, jenen Bewusstseinszustand zu erleben, in dem alles fließt und Wünsche leicht erfüllt werden. Gnade ist magisch und sychronistisch, sie taucht „zufällig" auf, als Koinzidenz, und ist fröhlich. Gnade ist ein Glücksfaktor. Wie leben Sie nun in Gnade? Das ist einfach. Erlauben Sie dem Universum nur, durch Sie hindurch zu fließen, ohne dass Sie dabei eingreifen oder stören.

Im Fleckchen DNS, aus dem Ihr Körper gebildet wurde, steckt die Intelligenz, die Sie darüber informiert*, dass Sie ein uraltes Wesen sind. Die Intelligenz in diesem kleinen DNS-Häufchen besitzt unendliche Organisationskraft, weil sie dieselbe Intelligenz ist, welche die Entwicklung und Bewegung des gesamten Kosmos orchestriert und dirigiert. Einhundert Billionen Zellen stehen ständig mit einander in Kommunikation, sie tauschen sich in jedem Augenblick mit allen anderen Zellen im Körper aus. Diese einhundert Billionen Zellen stammen aus einer einzigen lebenden Zelle, die aus der Information von zwei Zellen geboren wurde, und sie mussten sich lediglich fünfzig Mal vervielfachen, um alle Zellen Ihres Körpers zu erschaffen.

Sie sind ein Wunder der Evolution, ein sehr feiner und zerbrechlicher biologischer Organismus, der jedoch auch zielstrebig und zäh ist – Sie haben immerhin Äonen kosmischer Zyklen hindurch überlebt. Sie sind, was Sie sind, weil das Universum ist, was es ist. Das Universum ist, was es ist, weil Sie sind, was Sie sind. Der Körper, den Sie bewohnen, mag Ihnen als

* Informieren = hier doppeldeutig gemeint nicht nur als „Mitteilung machen“, sondern auch als „in eine Form bringen“. (Anm.d.Ü.)

Ihr persönlicher Besitz erscheinen, aber in Wahrheit gehört er dem Universum.

Ihre DNS ist von den Erfahrungen Ihren Vorfahren und Ahnen geprägt, sowohl von den menschlichen wie den animalischen. Ihre genetischen Informationen enthalten das Wissen, das Ihnen als Amphibie gezeigt hat, wie Sie als Vogel fliegen können, und als Primat, wie Sie Sprache und Kunst und Wissenschaft hervor bringen, um ein Menschen werden zu können. Ihr Körper recycelt sich selbst und bringt bei jeder Geburt etwas vom Alten mit sich, damit das Wissen, das in der Weisheit des Universums enthalten ist, niemals verloren geht. Zugleich bringt der Körper auch eine andere, neue und frische Perspektive mit sich, damit Sie auf dem Alten zwar aufbauen können, aber dennoch die Chance erhalten, neue Kreativität zu entfalten.

Jeden Augenblick gestaltet Ihr Körper eine neurale Landschaft, in der alle Erfahrungen Ihres Lebens enthalten sind. In diesem Moment ist das kreative Potenzial, das Sie in Ihren neuralen Netzwerken ständig aktualisieren, dabei, alte Erinnerungen und neue Absichten in eine biologische Reaktion, in einer Denk-, Fühl- und Handlungsweise Ihres Körper-Geistes umzuwandeln. Mit jedem Atemzug, den Sie machen, wird das Universum neu geboren. Es blickt sich mit neuen Augen selbst an, aus einer neuen Perspektive und mit einem frisch geborenen Gefühl von Wundern und Staunen.

Wenn Sie all das erkennen, behandeln Sie Ihren Körper mit Ehrerbietung und kümmern Sie sich um ihn. Umsorgen und stärken Sie Ihren Körper mit liebevoller Zuwendung. Nähren Sie Ihren Körper mit gesunden Lebensmitteln und frischem Wasser. Ernähren Sie Ihren Körper mit der Frische der Erde und den Farben des Regenbogens, welche die Erde in Form von Obst und Gemüse bietet. Trinken Sie tief aus den Wassern der Erde, damit Sie die Übertragungskanäle für Kommunikation und Intelligenz öffnen und offen halten, die durch Ihr Gewebe und Ihre Blutgefäße laufen. Atmen Sie tief ein, damit sich Ihre Lungen mit frischer Luft ganz weiten.

Entscheiden Sie sich und nehmen Sie sich fest vor, Ihren Körper frei von Giftstoffen zu halten, sowohl physischen als auch emotionalen. Vergiften oder belasten Sie Ihren Körper nicht mit toter Nahrung und Getränken, mit toxischen Chemikalien, toxischen Beziehungen oder toxischen Emotionen in Form von Zorn, Angst oder Schuldgefühlen. Kümmern Sie sich darum, dass Sie gesunde und gute Beziehungen stärken und dass Sie keinen Groll hegen oder voller Anklagen stecken. Die Gesundheit jeder Zelle trägt direkt zu Ihrem Wohlbefinden bei, weil jede Zelle ein Fokus von Bewusstheit darstellt im Feld der Bewusstheit, das Sie sind.

Lassen Sie Ihren Körper mit dem Universum tanzen. Lassen Sie alle Einschränkungen und alle Enge in Ihrem Bewusstsein los, damit sich Ihr Körper entspannen und in die Rhythmen des Universums einstimmen kann. Bewegen Sie Ihren Körper, machen Sie Sport, Gymnastik oder Fitnessübungen. Halten Sie Ihren Körper auf alle Fälle in Bewegung. Je mehr Sie mit dem Universum tanzen, desto mehr Freude, Vitalität, Energie, Kreativität, Synchronizität und Harmonie werden Sie erfahren. Und wenn Ihr Körper um Ruhe bittet, um sich zu regenerieren, dann hören Sie auf seine Stimme.

Der indische Dichter und Nobelpreisträger Rabindranath Tagore beschreibt das Wunder des Lebens schöner, als die Wissenschaft es je erklären könnte. Er sagt: „Derselbe Lebensstrom, der Tag und Nacht durch meine Adern fließt, strömt durch die Welt und tanzt nach einem rhythmischen Takt. Es ist dasselbe Leben, das in Gestalt zahlloser Gräser durch den Staub der Erde nach oben ins Licht schießt und sich in wirbelnden Wellen von Blättern und Blumen ergießt. Es ist dasselbe Leben, das in der Meereskrippe von Geburt und Tod, von Ebbe und Flut, geschaukelt wird. Ich spüre, wie meine Glieder durch die Berührung dieser Welt des Lebens verherrlicht werden. Mein Stolz entspringt aus dem Lebenspuls der Zeitalter, der in diesem Augenblick in meinem Blut tanzt."

Die Meere und Ströme dieser Biosphäre sind das Lebensblut, das in Ihrem Herzen und Ihrem Körper kreist. Die Luft, die Sie atmen, ist der heilige Atem des Lebens, der jeder Zelle in Ihrem Körper Energie gibt, damit Ihr Körper leben und am Tanz des Kosmos Anteil nehmen kann. Wenn Sie die Erfahrung machen, dass der „Lebenspuls der Zeitalter in diesem Augenblick in Ihrem Blut tanzt", dann werden Sie von Freude erfüllt und spüren die Verbundenheit mit dem Kosmos. Das ist eine heilende Erfahrung, die Erfahrung, heil und ganz und heilig zu sein. Und ganz und heil zu sein bedeutet, in Gnade zu leben.

## Erfahrung und Anwendung von Gnade

*Hören Sie auf die Weisheit Ihres Körpers.*

Können Sie in diesem Augenblick erleben, wie das Leben von vielen Zeitaltern in jeder Zelle Ihres Körpers pulsiert? Können Sie mit tiefer Überzeugung erkennen, das Sie Erde sind, Wasser, Feuer, Luft und die weite Leere des Raums? Wenn Sie das empfinden können, dann hören Sie auf die Weisheit Ihres Körpers.

Ihr Körper spricht ständig mit Ihnen; er bedient sich der Signale des Wohlgefühls oder des Unbehagens, des Vergnügens oder der Schmerzen, der Anziehung oder Abstoßung. Wenn Sie auf die feinen Nuancen von Empfindungen in Ihrem Körper hören, dann gewinnen Sie Zugang zur intuitiven Intelligenz. Diese Intelligenz gibt Einblick in einen ganzen Kontext von Zusammenhängen, sie ist in Beziehung zu Allem, sie nährt und stärkt, sie ist ganzheitlich und weise.

Die intuitive Intelligenz ist akkurater und präziser als alles andere, was es auf der Ebene des rationalen Denkens gibt. Intuition ist kein Gedanke; es ist vielmehr das nicht an einen Ort gebundene, das „non-lokale" kosmische Feld von Information, das Ihnen im Schweigen zwischen Ihren Gedanken zuflüstert. Wenn Sie auf die innere Intelligenz Ihres Körpers hören, welche das höchste und erhabenste Genie ist, dann belauschen Sie gewissermaßen das Universum, und Sie bekommen Zugang zu Informationen, den die meisten Menschen normalerweise nie erhalten.

Forschungen haben erwiesen, dass die Zellen des Körpers Hologramme des Universums sind. Das bedeutet, dass alle Information, die es überhaupt im Universum gibt, in der Zellstruktur jeder Zelle eingeprägt ist. Jedes Teil eines Hologramms enthält die gesamte Information des Ganzen – deshalb nennt man es ja *Hologramm.* Intuition ist nichts mehr als eine erhöhte bzw. intensivierte Wahrnehmung, die aus der Vertrautheit entsteht, die Sie mit den Informationsfeldern in Ihrem eigenen Körper entwickeln. Diese Information ist holographisch in jeder Zelle Ihres Körpers eingeprägt, Ihre Zellen sind sozusagen codiert. Wenn Sie etwas mehr an Information aus den Zellen erspüren oder wahrnehmen als andere Menschen, dann gelten Sie als intuitiv.

Hören Sie auf die Weisheit Ihres Körpers. Werden Sie sich der Empfindungen in Ihrem Körper bewusst, und Sie werden den ganzen Kosmos erkennen, weil Sie den gesamten Kosmos als Empfindungen in Ihrem Körper spüren können. In Wahrheit sind diese Empfindungen die Stimme des Geistes, die auf den subtilsten Ebenen des Fühlens in Ihrem Körper zu Ihnen spricht. Wenn Sie Ihrem Körper die Chance geben, dass Sie wirklich auf ihn hören, werden Sie die Stimme des Geistes hören, weil Ihr Körper ein Biocomputer ist, der ständig mit der kosmischen Seele in Verbindung steht. Ihr Körper besitzt eine Computerfähigkeit, mit der er in einem einzigen Augenblick eine schier unendliche Zahl von Details in Rechnung stellen und miteinander verknüpfen kann, um so jedes Ereignis in Ihrem Leben zu erschaffen. Er ist auf Win-Win-Situationen eingestellt, also auf Ergebnisse, bei denen alle Beteiligten gewinnen. Er löst alle Probleme auf einer höheren und größeren Ebene der Bewusstheit als jener, auf der die Probleme entstanden sind.

Wenn Sie das nächste Mal eine Entscheidung treffen müssen, versuchen Sie doch, anstatt die Entscheidung intellektuell zu verstehen, auf die Empfindungen von Wohlbehagen oder Unwohlsein in Ihrem Körper zu achten und sich auf Ihre intuitiven Gefühle einzustimmen. Intellektuelles Verstehen ist schon in Ordnung, aber es bietet nicht immer und unbedingt die beste Möglichkeit zu prüfen, ob Sie die richtigen Entscheidungen treffen oder nicht. Bevor Sie sich entscheiden, fragen Sie Ihren Körper: *„Wie spürst du das?“*

Falls Ihr Körper ein Signal des Wohlbefindens und der Zustimmung sendet, dann gehen Sie voran. Falls

Ihr Körper Ihnen ein Zeichen von physischem oder emotionalem Stress sendet, dann passen Sie auf. Wenn Sie sich mit einer Situation konfrontiert sehen, fragen Sie Ihren Körper, ob er sich gut dabei anfühlt oder nicht. Wenn das Gefühl in Ihrem Körper gut ist, während Sie etwas tun, dann ist das die richtige Entscheidung. Wenn es eine unbehagliche Empfindung im Körper gibt, dann ist das nicht das Richtige.

Wenn Sie nicht im Einklang mit den universellen Rhythmen stehen, dann werden Sie ein Signal erhalten, das sich als ein Gefühl von Unbehagen ausdrückt, sei es nun auf der physischen, mentalen oder emotionalen Ebene. Wenn Sie in Harmonie mit dem Universum fließen, dann werden Sie ein Zeichen bekommen, das Sie als angenehm, leicht oder freudig empfinden. Wenn Sie entspannt sind und sich im Fluss mit dem Universum befinden, dann gibt es von einem Herzschlag zum anderen etwas, das man *Variabilität* nennt. Das ist eine natürliche Abweichung, die der flexiblen Natur des Universums entspricht. Der Herzschlag ist dann leicht, er fließt, und das autonome Nervensystem reguliert fast alles. Wenn Sie jedoch gestresst sind, wenn Sie zu viel Adrenalin haben, dann schlägt das Herz wie Soldaten, die im Stechschritt marschieren.

Das Herz ist nicht nur eine Pumpe; es ist ein Organ, das fühlt und denkt. Aber anders als der rationale Verstand fühlt und denkt es intuitiv und kreativ voller Liebe, Mitgefühl, inniger Verbundenheit und Unzertrennlichkeit. Ihr Herz schlägt aufgrund eines so genannten Schrittmachers. Dieser Schrittmacher ist wieder keine einzelne Zelle, sondern einhundert Zellen, die zum selben Zeitpunkt zünden, mit derselben Frequenz, zur selben Melodie. Jede Zelle hat einen elektrischen Impuls, und einhundert Zellen müssen kohärent zünden, um diesen Schrittmacher zu erzeugen.

Je mehr Flexibilität und Variabilität in Ihrem Herzen von Herzschlag zu Herzschlag besteht, desto mehr werden Sie ein kohärentes elektromagnetisches Feld erzeugen. Wenn das passiert, dann stimmen alle anderen Zellen ebenfalls in diese Kohärenz ein, und Sie strahlen ein in sich abgestimmtes, einheitliches Feld von elektromagnetischer Energie aus, welches man die *Aura* nennen kann. Die Aura ist einfach die Ausstrahlung oder das abgestimmte Feld Ihres Herzens. Sie strahlen dieses Energiefeld in das Universum aus, und wenn Ihr Energiefeld kohärent, also einheitlich und in sich abgestimmt ist, dann stellen Sie sich auf die Elemente und Kräfte des Universums ein. Wenn Sie sich erst einmal in diesen Fluss eingelassen haben, dann wird jede Absicht, die Sie hegen, jedes Ziel, das Sie anstreben, in Übereinstimmung und synchron zu den Vorgängen des Universums sein.

Das ist sehr ermächtigend, weil die Tätigkeit des Universums aus Ihrem eigenen inneren Selbst auf einer viel tieferen Ebene des Seins entspringt. Wenn Sie also einen „Herzenswunsch“ haben, dann erlauben Sie Ihrer Absicht, aus den Tiefen Ihres Seins zu kommen, wo sich Ihre Seele als Ihr Herz manifestiert und lokalisiert. Lenken Sie bewusst Ihre Aufmerksamkeit auf Ihr Herz, selbst wenn das nur kurz sein mag, und wenn Sie Liebe spüren, Mitgefühl, Frieden, Harmonie oder ein fröhliches Lachen, dann wird das ein elektromagnetisches Feld erzeugen. Dann lassen Sie einfach Ihre Impulse aus Ihrem Herzen aufsteigen, aus den Tiefen Ihres Wesens, und der Wunsch oder die Sehnsucht wird die eigene Erfüllung orchestrieren und dirigieren.

*Bewahren Sie jederzeit Ihre innerkörperliche Bewusstheit.*

Die einzige Möglichkeit, wie man einen Menschen oder irgend etwas anderes in der so genannten äußeren Welt erkennen und einschätzen kann, geht über das Körpergefühl. Deshalb ist es sinnvoll, dass Sie eine „sinnliche", also eine mit allen Sinnen empfundene innerkörperliche Bewusstheit entwickeln und aufrecht erhalten, und zwar ständig. Achten Sie bei jeder Interaktion mit einem anderen Menschen auf Ihren Körper. Wenn Sie andere Leute anschauen, spüren Sie Ihre körperlichen Reaktionen. Wenn Sie anderen zuhören, fühlen Sie, was der Körper Ihnen sagt, hören Sie also mit dem gesamten Körper zu. Spüren Sie, wie Ihr Körper ein einziges Energiefeld von Intelligenz ist, das voller Lebendigkeit, feinsten Schwingungen sowie Freude steckt.

Bewohnen Sie gewissermaßen ganz bewusst Ihren Körper, indem Sie Ihre Aufmerksamkeit auf ihn lenken. Seien Sie in Ihrem Körper lebendig. Fühlen Sie die Präsenz von Spirit in Ihrem Körper. Kommunizieren Sie mit der Gegenwart des Geistes im Körper. Wenn Sie in Ihrem Körper zentriert sind, wenn Ihr Geist den Körper ganz bewohnt, dann bewohnen Sie das gesamte Universum.

Bleiben Sie auf Ihren Körper eingestimmt, indem Sie wahrnehmen, wie Sie im Rhythmus des Universums „mittanzen". Wenn Sie spazieren gehen, achten Sie darauf, dass Sie gehen. Wen Sie sitzen, seien Sie sich dessen bewusst, dass Sie sitzen. Wenn Sie atmen, seien Sie gewahr, dass Sie atmen. Das ist dann ein Bewusstsein, das sich auf das Leben richtet, das in jedem Augenblick wach ist. Üben Sie das, bis Sie in dieser Bewusstheit verankert bleiben und daraus eine permanente Gewohnheit geworden ist. Bald schon werden Sie feststellen, dass Sie im Tanz des Universums nicht von sich aus spazieren gehen, sondern dass sich Gehen ereignet. Sie sitzen nicht, sondern Sitzen geschieht einfach. Sie atmen nicht, sondern das Eine Sein atmet durch Sie.

*Achten Sie auf die Rhythmen*
*und Zyklen Ihres Körper-Geistes.*

Sicher werden Sie jetzt nachvollziehen können, dass Ihr Körper ein ganzes Universum in sich darstellt. Das ist etwas, was inzwischen auch naturwissenschaftlich nachgewiesen worden ist. Ihr Körper ist der Tanz des Universums. Bereits diesen Satz zu sagen – *Mein*

*Körper ist der Tanz des Universums* – bedeutet, eine der wichtigsten Aussagen über sich selbst zu treffen, die es gibt.

Wenn Sie die quantenmechanische Natur Ihres Körper-Geistes verstehen, dann erkennen Sie, dass der Körper nichts anderes als Schwingungen im vereinheitlichten Feld ist, die dazu führen, dass Moleküle die Körpergestalt bilden. Der Körper ist schlussendlich nur Schwingung, und die Schwingung des Körpers muss den Schwingungen entsprechen, die das Universum bilden. Diese Entsprechung, diese Übereinstimmung bzw. dieses *Sich-einschwingen* auf eine rhythmische Beziehung, nennt man „Entrainment"*.

Entrainment wurde zuerst von einem Physiker beschrieben, der ein interessantes Experiment mit fünf Uhren anstellte. Jede Uhr besaß ein Pendel in der gleichen Größe, und als er das Experiment begann, schwangen die Pendel auf unterschiedliche Weise hin und her. Nach ungefähr vier Stunden bewegten sich die Pendel synchron im selben Rhythmus hin und her. Sie können dieses Experiment selbst beliebig oft wiederholen; obwohl Sie die Uhrenpendel zu unterschiedlichen Zeiten in Schwingung versetzen und sie anfangs nicht synchron schwingen, werden sie sich nach einer Weile alle in einem gleichmäßigen gemeinsamen Rhythmus hin und her bewegen.

* Entrainment: in der Physik ein Synchronisationseffekt; in der Biologie die zeitliche Koppelung von inneren Abläufen an einen äußeren Zeit- oder Taktgeber. (Anm.d.Ü.)

Entrainment ist ein universelles Phänomen; es beginnt zum Zeitpunkt der Empfängnis. Der Rhythmus des Babys beginnt sich über die Physiologie der Mutter auf kosmischen Rhythmen einzuschwingen. Während der Schwangerschaft und sogar noch nach der Geburt, wird der Herzschlag des Kindes synchron zum Herzschlag der Mutter sein; er bleibt synchron, so lange die Mutter in der Nähe ist. Die Herzschlagrhythmen dauern vielleicht nicht exakt gleich lang, aber zwischen den Herzschlagraten von Mutter und Kind gibt es eine rhythmische Beziehung.

Wenn eine Gruppe von Frauen einige Zeit zusammen lebt, kann man feststellen, dass sich nach einer gewissen Zeit die Menstruationszyklen auf einander abstimmen. Wenn Sie mit jemandem übereinstimmen oder sich streiten, dann gelangen Sie in eine Synchronisation, weil Ihre Gedanken die gleichen Quantenfelder anregen wie beim Gegenüber. Wenn ich Ihnen zustimme, dann wird sich meine Atmung spontan an Ihre angleichen und so fort.

Ihr Körper ist ein Teil des Körpers des Universums, und Sie können die Rhythmen Ihres Körpers auf die universellen Rhythmen angleichen. Wie Sie das machen? Mit Hilfe Ihrer Sinne. Was ist Sinneserfahrung denn anderes, als Information vom Universum „außerhalb“ Ihres Körpers zu gewinnen und sie mit der Information „innerhalb“ Ihres Körpers abzustimmen, jenes Körpers, der selbst ein Universum darstellt?

Wenn Sie zum Beispiel einen Klang einführen, der mit allen Zellen Ihres Körpers in Resonanz geht, wird die Schwingung dieses Klanges das Entrainment, die Synchronisation erleichtern. Die Vokale aller Sprachen sind Klänge oder Schwingungstöne, die man unmittelbar verwenden kann, um in allen Zellen des Körpers eine Schwingung auszulösen. Im Englischen und im Deutschen sind diese Vokale zum Beispiel A, E, I, O und U, und Sie können mit jedem beliebigen dieser Vokale einen Klang erzeugen. Atmen Sie tief ein, und während Sie nun ausatmen, lassen Sie den Klang eines Vokals ertönen, Aaaa, Eeee, Iiii ... Die Folge wird sein, dass alle Zellen nun beginnen, sich mehr als zuvor auf einander abzustimmen, dass sie anfangen, in eine bessere Synchronisation zu gelangen.

Das ist eine Möglichkeit, biologische Rhythmen wieder herzustellen und um die Rhythmen Ihres Körpers auf jene des Universums einzustellen. Sie können dazu auch Musik verwenden, die Ihnen Freude macht. Musik beeinflusst Ihren Herzschlag, die Gehirnströme, den Blutdruck, die Magen- und Darmkontraktionen und die Hormonausschüttung im Zusammenhang mit Stress. Wenn Sie Musik hören, die Ihnen gefällt, erzeugt die Apotheke des Körpers Endorphine, welche die natürlichen Opiate des Körpers sind und gewisse Ähnlichkeit mit Morphium haben. Die Körperapotheke schüttet heilende Neuropeptide aus, wenn Sie Musik hören, die Sie erfreut.

Ihr Gesichtssinn beeinflusst Ihren Körper gleichfalls stark. Untersuchungen haben ergeben, dass Information, die Sie über die Augen aufnehmen, Ihren Herzrhythmus verändern kann, Ihren Pulsschlag, den Kreislauf, die Ausschüttung von Stresshormonen und vieles mehr. Wenn Sie sich eine Landschaft ansehen, etwas in der Natur wie einen Wald, einen Sonnenuntergang oder einen Regenbogen, dann weisen Ihre Gehirnströme ganz andere Muster auf, als wenn Sie eine urbane Szenerie betrachten, eine Fabrik oder einen Parkplatz.

Der Geruchssinn kann ebenso wirkungsvoll angenehme Empfindungen im Körper auslösen. Der Duft einer Rose oder ein anderer Duft, den Sie mögen, kann zu ein Gefühl von Harmonie und Freude hervor rufen. Bestimmte Aromen stimulieren bekanntlich den Körper-Geist und regen ihn an, andere wiederum beruhigen und entspannen ihn. Es gibt zahlreiche Bücher über Aromatherapie, und Sie können selbst die verschiedenen Düfte ausprobieren, um festzustellen, wie diese auf Sie wirken und welche Sie bevorzugen.

Jeder Sinneseindruck – ob Sie etwas hören, sehen, reichen, schmecken oder berühren – verändert die Chemie des Körper-Geistes in weniger als einer Hundertstel Sekunde. Wenn wir das einmal wissen, dann können wir selbst auswählen und entscheiden, welche Sinneseindrücke wir uns vermitteln wollen, um die Körperchemie günstig zu beeinflussen.

Theoretisch gesprochen würde es sehr wenig Entropie in Ihrem Körper geben, wenn Sie völlig auf den Kosmos eingestimmt und in vollständigem Gleichklang mit seinen Rhythmen stünden und zugleich keinerlei Stress hätten. Wenn Sie auf die Zyklen des Universums eingestimmt und an sie angeglichen wären, würde Ihr Körper nicht altern. Wenn er dann doch eine gewisse Entropie erfahren würde, dann würde sich die im Maßstab der Entropie des Universums vollziehen, und dabei handelt es sich um ganze, sehr lange kosmische Zyklen oder Äonen der Zeit. Unser Körper-Geist ist jedoch nicht völlig auf den Rhythmen des Universums eingestimmt – warum nicht? Stress! Sobald Sie einen Gedanken haben, irgendeinen Gedanken, unterbricht er, stört er die angeborene Neigung des biologischen Körperrhythmus, sich auf die universellen Rhythmen einzustellen.

Wenn Sie jedoch auf die Rhythmen und Zyklen Ihres Körper-Geistes achten, und wenn Sie sich mit den kosmischen Rhythmen etwas vertraut machen, werden Sie herausfinden, dass Sie Ihre Körperrhythmen auf die des Universums abstimmen können. Dazu müssen Sie kein Fachmann und keine Fachfrau werden, sondern Sie brauchen nur etwas auf diese Zyklen zu achten. Stellen Sie fest, wie Sie sich zu unterschiedlichen Tages- und Nachtzeiten anders fühlen, wie das Gleiche auch für Zeiten während des Monats zutrifft im Verhältnis zum Mondlauf und Mondstand zwischen Neumond, Halbmond, Vollmond und so fort.

Schauen Sie an den Himmel und beobachten Sie die Mondphasen. Stellen Sie fest (an den Küsten steht das in der Zeitung, sonst im Internet), wann Ebbe und wann Flut ist. Spüren Sie, wie Ihr Körper sich auf die verschiedenen Jahreszeiten jeweils etwas anders einstellt. Wenn Sie solche Rhythmen kennen und sich darin einfühlen, dann ist das sehr hilfreich, aber die folgende Information reicht genauso gut.

Zwischen sechs und zehn Uhr morgens und zwischen sechs und zehn Uhr abends ist Ihr Körper „hypometabolisch“, was bedeutet, dass sich Ihr Stoffwechsel in seiner niedrigsten Phase befindet. Im Anfangsteil dieser Phase wäre die beste Zeit, um zu meditieren; im mittleren Teil dieser Phase wäre Gymnastik, Sport oder Fitnessübung am besten, vor allem, wenn Sie Gewicht abbauen möchten.

Zwischen zehn am Morgen und zwei Uhr am Nachmittag ist das Feuer des Stoffwechsels, der Metabolismus, am höchsten. Das ist die richtige Zeit, um Ihre größte Tagesmahlzeit zu essen, weil Ihr Körper die Nahrung dann viel besser verdauen, „verstoffwechseln“ kann. Zwischen zwei und sechs Uhr nachmittags ist eine gute Zeit, um aktiv zu sein, sich mental zu betätigen, indem man etwas Neues lernt oder sich körperlich zu betätigen. Zwischen zwei und sechs Uhr morgens ist eine gute Zeit zu träumen.

Um sechs Uhr abends, am besten vor Sonnenuntergang, ist eine gute Zeit, um zu Abend zu essen. Es ist günstig, nur ein leichtes Essen zu sich zu nehmen und mindestens zwei bis drei Stunden Zeit zwischen Essen und Schlafengehen zu haben. Versuchen Sie, um zehn Uhr abends oder um halb elf ins Bett zu gehen: Sie werden dann einen idealen Schlaf finden und wunderbare Träume haben.

Das sind sehr einfache, aber grundlegende Vorschläge. Sie werden jedoch selbst feststellen können, dass sich Ihr Körper ganz anders anfühlt, wenn Sie erst einmal begonnen haben, Ihre persönlichen Rhythmen auf die kosmischen Rhythmen abzustimmen. Der Körper fühlt sich vitaler und wird nicht so schnell müde. Sie spüren subjektiv mehr Energie. Sie fangen an, jenen Bewusstseinszustand zu erfahren, in dem alles in Ihrem Leben im Fluss ist, in dem das Leben leicht dahin fließt. Wie leben dann im Zustand von Gnade.

Strahlende Gesundheit ist nicht nur die Abwesenheit von Krankheit, sondern eine Freude und Fröhlichkeit, die immer in Ihnen strahlt. Das ist ein Zustand positiven, aktiven Wohlbefindens, der nicht nur physisch, sondern ebenso emotional, psychologisch und letztlich auch spirituell ist und wirkt. Technologie macht Sie nicht gesund. Sie werden gesund, indem Sie sich auf die Kräfte des Universums einstellen, indem Sie spüren, dass Ihr Körper ein Teil des Körpers der Natur ist. Sie werden und bleiben gesund, wenn Sie sich auf die Kräfte und Rhythmen der Natur einstellen, wenn Sie sich auf Ihre Seele einlassen, wenn Sie diese Augenblicke und Zeiten des Schweigens und des Alleinseins genießen.

Ihr Körper ist mehr als nur ein System zum Erhalt des Lebens. Er ist Ausdruck Ihrer Seele auf deren Reise der Seelenentwicklung, auf der Reise ihrer Evolution. Der Körper ist ein heiliger Tempel, in dem Sie sich während Ihrer kosmischen Reise einigc wenige Momente lang nieder gelassen haben. Halten Sie diesen Tempel sauber und rein. Hören Sie auf seine Sehnsucht nach Freude, Vergnügen und sogar Ekstase. Sie sind ein privilegiertes Kind des Universums, und dieser Körper ist für diese Zeit Ihre Wohnstatt. Die Karawane des Lebens wird auch an anderen Orten und Plätzen anhalten, zu anderen Zeiten. Sie befinden sich auf einer Reise der Heilung und Transformation. Die Chance, den nächsten Quantensprung in Ihrer Kreativität zu unternehmen, ist gerade jetzt!

## SCHLÜSSELGEDANKEN

*Um Gnade zu erfahren und zu leben:*

- Hören Sie auf die Weisheit Ihres Körpers.
- Bewahren Sie jederzeit Ihre innerkörperliche Bewusstheit.
- Achten Sie auf die Rhythmen und Zyklen Ihres Körper-Geistes.

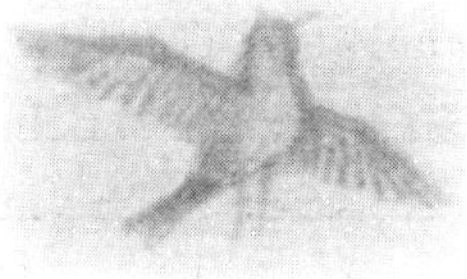

# • 12 •
# Das Unendliche

*Die Winde der Gnade wehen allezeit;*
*Es liegt an uns, unsere Segel zu hissen.*
*– Ramakrishna*

Als meine Enkelin vier Jahre alt war, nahm ich sie mit auf einen Spaziergang am Strand. Es war eine wunderschöne Nacht, die Sterne glitzerten, der Mond stand am Himmel. Ich wandte mich ihr zu und sagte: „Tara, ich habe dich sehr lieb."

Sobald ich den Satz beendet hatte, fragte sie: „Wie sehr?"

Ich sagte: „Also, ich liebe dich mehr als die Sterne und den Mond."

Kaum war der Satz gesprochen, sagte Tara: „Warum?"

Ich sagte: „Weil du von dorther gekommen bist."
Sie fragte: „Wie denn?"

Ich dachte mir, *Ich weiß zwar nicht, wie ich das erklären soll, aber ich will es mal versuchen:* „Weißt du, Tara, wenn du Obst und Gemüse isst, dann steckt da das Licht der Sonne und der Sterne und des Mondes drin, die diese Nahrung gemacht haben, die du isst. Und wenn du Obst und Gemüse isst, dann nimmst du das Licht der Sterne, um deinen Körper weiter aufzubauen, weil alles aus Licht entsteht. Du bist ein Lichtwesen, und dein Körper ist auch aus Licht gemacht. Sogar deine Augen sind aus Licht gemacht. Die Sterne haben deine Augen gemacht, damit sie Sich selbst anschauen können."

Tara dachte nach und war erst einmal eine Zeit lang ganz still vor lauter Überlegen. Als wir dann gerade vom Strand wieder zurück gehen wollten, sagte sie: „Opa, schau mal nach oben. Die Sterne wollen sich selbst ansehen."

Und das ist wahr. Das unendliche Wesen, das grenzenlose Sein, das eine Lied, welches das Universum ja tatsächlich ist, bewegt sich und atmet und schaut sich durch unseren Körper selbst an. Das Universum blickt sich in den Sternen selbst an. Es schaut sich durch den Stuhl an, auf dem Sie sitzen. Das Universum sieht sich selbst in mir, durch mich, als ich; und es blickt sich selbst genauso als Sie an. Wir sind die Augen und die Ohren des Universums. Das Universum sieht, schmeckt, riecht, fühlt und hört sich auf so mannigfaltige Weise durch jedes Geschöpf – durch eine Biene, einen Vogel, eine Antilope, einen Schmetterling.

Wenn Sie dieses kleine Gefühl empfinden würden, wie sich das Universum durch Sie zum Ausdruck bringt, dann würden Sie ein besserer Kanal für diesen Ausdruck sein können. Es gibt nichts, das Sie nicht sein oder tun oder haben können, aber Sie müssen Ihr Ich – sich selbst oder was Sie dafür halten – heraushalten, Sie dürfen sich dem Fluss des Universums nicht in den Weg stellen. Es geht dabei nur um eine Änderung in Ihrer Einstellung, in Ihrer inneren Haltung.

Erlauben Sie dem Universum, dem Unendlichen, sich durch Sie auszudrücken, ohne dass Sie störend eingreifen. Gestatten Sie dem Unendlichen, sich selbst durch Sie anzublicken, sich durch Sie denkend selbst zu erfahren. Auf der tiefsten bzw. höchsten Ebene, im Innersten, sind Sie schon mächtig und frei. Wenn die universelle Intelligenz ohne Störung durch Sie hindurch fließt, dann verläuft Ihr Leben in müheloser Leichtigkeit. Das ist die Erfahrung von Gnade.

Durch Ihren Körper-Geist erschaffen und erfahren Sie die Welt der Dinge und Ereignisse in der Raumzeit. Durch Ihren Intellekt erschaffen und erfahren Sie die Welt der Ideen. Aber nur durch Ihre Seele können Sie die Welt von Macht, Freiheit und Gnade erschaffen und erfahren. In den Tiefen Ihres Wesens, in den Höhen Ihres Wesens, ist das Licht des reinen Seins, der reinen Liebe und der reinen Seligkeit. Wenn Sie hier leben, öffnet sich eine neue Welt. Diese Welt ist unbegrenzt, unendlich, ewig und von Freude erfüllt. Das kann Ihre Welt sein, wenn Sie sie wollen. In dieser Welt gibt es keine Grenzen für Ihre Macht, Freiheit und Gnade.

Wenn Sie die Gedanken in diesem Buch verstehen, wenn Sie die Ideen und Vorschläge ausprobieren und ihnen folgen, werden Sie die Mysterien Ihrer eigenen Existenz entschlüsseln: *Wer sind Sie? Was möchten Sie?*

Die Antworten auf diese Fragen zu erkennen, heißt, Ihr eigenes Selbst zu erkennen. Wenn Sie Ihr wahres Selbst erst einmal kennen, werden Sie echtes Glück erfahren, Sie werden die Berauschung von Liebe spüren, Sie werden fühlen, wie Spirit in seiner reinen Essenz fließt – ungehindert, ungestört, voller Geheimnisse und Zauber, als ein wahres Abenteuer.

Glücklich zu sein ist eine Eigenschaft des Geistes; Sie sind glücklich, wenn Sie in der Dimension des Geistes, des bewussten Seins, des Spirits sind. Glück zu finden bedeutet, Ihre Seele zu finden. Und Ihre Seele zu finden heißt, aus der Quelle des dauerhaften Glücks zu leben. Das ist kein vorübergehendes glückliches Gefühl, weil dies oder jenes passiert, was ja nur eine andere Form von Leid wäre. Dieses Glück ist wahre Seligkeit, und es folgt Ihnen, wo Sie auch sind.

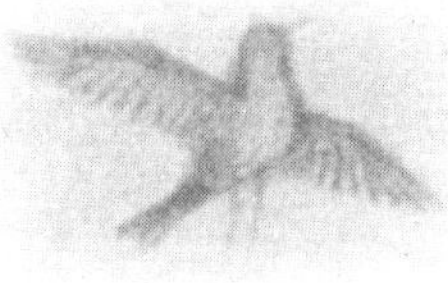

# Anhang

## Die alten und die neuen Paradigmen

Die folgende Übersicht stellt einige der althergebrachten Weisen und der neuen Möglichkeiten dar, wie wir uns selbst und die Welt wahrnehmen können, in der wir leben. Mit Hilfe der Naturwissenschaft gewinnen wir nicht nur ein anderes Paradigma, eine neue Sichtweise, im Hinblick auf das menschliche Wesen aus Körper und Bewusstsein, den Körper-Geist, sondern auch darüber, wie wir die Natur selbst deuten. Dieser Bewusstseinswandel betrachtet diesen Körper-Geist als eine Ausdrucksform einer größeren Ganzheit.

| Das alte Paradigma | Das neue Paradigma |
|---|---|
| Der Aberglaube des Materialismus besagt, dass wir von der Quelle und von einander getrennt sind. | Das einheitliche Feld des reinen Bewusstseins besagt, dass wir mit unserer Quelle und mit einander verbunden sind. |
| Die Welt ist aus sichtbarer, fester Materie und unsichtbarer, nichtstofflicher Energie zusammen gesetzt. | Die Welt besteht aus einem allem zugrunde liegenden Feld von Intelligenz, das sich als die unendliche Vielfalt des Universums manifestiert. |
| Sinneswahrnehmungen, also was wir sehen, hören, riechen, schmecken oder berühren können, sind die entscheidenden Kriterien für Realität. | Das Feld der Intelligenz, das wir subjektiv erfahren können, ist der bewusste Geist; dasselbe Feld kann man objektiv als die Welt der materiellen Dinge erfahren. |
| Feste Objekte und sichtbare Materiehaufen sind von einander in Raum und Zeit getrennt. | „Feste“ Objekte sind in Wahrheit nicht fest, noch sind sie von anderen in Raum und Zeit getrennt. Objekte sind Brennpunkte oder konzentrierte Intelligenz im Feld der Intelligenz. |

| Das alte Paradigma | Das neue Paradigma |
|---|---|
| Geist und Materie sind getrennte, unabhängige Dinge | Geist und Materie sind dem Wesen nach dasselbe. Beide entspringen dem Feld reinen Bewusstseins, das die Welt entwirft und bildet. |
| Der Körper ist eine physikalische Maschine, die irgendwie gelernt hat, zu denken. | Das unendliche Bewusstsein erschafft den Geist und drückt sich dann als der Körper aus. Der Körper-Geist selbst ist das Feld des reinen Bewusstseins. |
| Menschen sind Wesen, die in sich selbst enthalten sind und deren Körper klar definierte Grenzen aufweist. | Menschen sind untrennbar mit den Mustern der Intelligenz im gesamten Kosmos verknüpft. Auf den grundlegendsten Ebenen des Wesens gibt es keine klar definierten Grenzen zwischen unserem Körper und dem Universum. |
| Der menschliche Körper wird aus Materie gebildet, die in Raum und Zeit erstarrt ist. | Der menschliche Körper-Geist ist ein sich ständig veränderndes, pulsierendes Muster der Intelligenz, die sich laufend selbst erzeugt. |

| Das alte Paradigma | Das neue Paradigma |
|---|---|
| Unsere Bedürfnisse sind von den Bedürfnissen anderer Lebewesen getrennt. | Unsere Bedürfnisse sind mit den Bedürfnissen anderer Lebewesen untrennbar verknüpft. |
| Die äußere Welt ist real, weil sie physisch ist. Unsere innere Welt ist unreal, weil sie in der Vorstellung existiert. | Die äußere und die innere Welt sind Projektionen eines Wesens, der Quelle der gesamten Schöpfung. Beide Welten sind Muster von sich bewegender Energie im unendlichen Bewusstsein. |
| Der Aberglaube des Materialismus besagt, dass wir in einem örtlich begrenzten Universum leben. | Das vereinigte Feld des reinen Bewusstseins besagt, dass wir in einem nicht örtlich begrenzten Universum leben. |
| Örtlichkeit im Raum ist ein absolute Phänomen. | Alles im Kosmos ist nicht-örtlich, was besagt, dass wir es nicht darauf begrenzen können, hier zu sein, dort oder irgendwo. |

| Das alte Paradigma | Das neue Paradigma |
|---|---|
| Ortsbezogenheit im Raum existiert unabhängig von einem Betrachter. | Ortsbezogenheit im Raum ist eine Frage der Wahrnehmung. Nahe oder weit entfernt, oben oder unten, Osten oder Westen sind immer nur vom Standpunkt des Betrachters aus gültig. |
| Der denkende Geist befindet sich im Gehirn; die Intelligenz des Körpers befindet sich im Nervensystem. | Der denkende Geist ist Teil einen riesigen Feldes nicht ortsbezogener Intelligenz, die sich weit über die Franzen des Kosmos hinaus erstreckt. Die Intelligenz des Körpers stammt aus demselben nicht-ortsgebundenen Feld. |
| Der Aberglaube des Materialismus besagt, dass wir in einem zeitlich gebundenen Universum leben. | Das vereinigte Feld des reinen Bewusstseins besagt, dass wir in einem zeitlosen Universum leben. |
| Zeit ist ein absolutes Phänomen. | Zeit ist ein relatives Phänomen. Physiker verwenden nicht mehr das Wort *Zeit,* sondern den Begriff *Raumzeit-Kontinuum.* |

| DAS ALTE PARADIGMA | DAS NEUE PARADIGMA |
|---|---|
| Zeit ist ortsgebunden, messbar und begrenzt. | Zeit ist nicht ortsgebunden, unmessbar und ewig. Die Ansicht, dass wir Zeit lokalisieren könnten, beruht nur auf der Illusion einer Wahrnehmung, die durch unsere Art der Aufmerksamkeit entsteht. |
| Menschen sind in ein riesiges Netz der Zeit verstrickt, in dem Vergangenheit, Gegenwart und Zukunft enthalten sind. | Es gibt weder Vergangenheit noch Zukunft, damals und jetzt, früher und später existieren nicht; es gibt nur das ewige Jetzt, den immerwährenden Augenblick. Ewigkeit erstreckt sich von jedem Moment aus nach hinten und nach vorne. |
| Zeit existiert unabhängig von einem Beobachter. | Zeit existiert nur im Bewusstsein eines Beobachters. Zeit ist eine Vorstellung, eine Form des inneren Dialogs, die wir verwenden, um unsere Wahrnehmung oder Erfahrung von Veränderungen zu erklären. |

| Das alte Paradigma | Das neue Paradigma |
|---|---|
| Die Dinge passieren eines nach dem anderen. Die Welt funktioniert aufgrund von linearen Beziehungen zwischen Ursache und Wirkung. | Alles passiert gleichzeitig; alles hängt mit einander zusammen und wird unmittelbar mit allem anderen synchronisiert. |
| Wie wir unsere Erfahrung von Zeit deuten, hat keine Auswirkung auf unsere Physiologie. | Wie wir unsere Erfahrung von Zeit deuten, bewirkt physiologische Veränderungen in unserem Körper. Entropie und Altern sind zum Teil eine Folge dessen, wie wir Zeit „verstoffwechseln“ oder deuten. |
| Der Aberglaube des Materialismus besagt, dass wir in einem objektiven Universum leben. | Das vereinheitlichte Feld reinen Bewusstseins besagt, dass wir in einem subjektiven Universum leben. |
| Die Welt „da draußen“ besteht völlig unabhängig von einem Beobachter. | Die Welt „da draußen“ existiert ohne einen Beobachter nicht; sie ist eine Reaktion des Beobachters. Durch den Vorgang der Beobachtung konstruieren wir die Welt, in der wir leben. |

| DAS ALTE PARADIGMA | DAS NEUE PARADIGMA |
|---|---|
| Wahrnehmung ist ein automatischer Prozess. Unsere Sinne sind fähig, eine objektive Realität objektiv zu interpretieren. | Wir leben in einem Universum, das auf Teilnahme beruht. Wir lernen, die Welt über unsere Sinne zu interpretieren, und das erst bringt unsere Wahrnehmungserfahrungen hervor. |
| Unsere innere und unsere äußere Welt hängen von unseren Beziehungen ab, unserer Umwelt und den Situationen und Umständen um uns herum. | Unsere innere und unsere äußere Welt bilden sich im Wechselspiel zueinander und tauchen auf als Folge der Schwingung unseres „Spirits“, unserer Geist-Seele. |

# Vedanta

Vedanta ist eine der ältesten Philosophien der Welt. Sie baut auf den Veden und Upanishaden auf, den frühesten und heiligsten indischen Schriften der Antike. Manche Geschichtswissenschaftler halten sie für die ältesten überlieferten Texte der Menschheit. Es heißt, dass diese heiligen Schriften nicht von Menschen geschaffen, sondern von Gott offenbart wurden.

Der Begriff *veda* bedeutet Wissen. Die Vedas, meint man, bestehen von Anbeginn der Schöpfung. Jahrhunderte, vermutlich Jahrtausende, bevor sie schriftlich niedergelegt wurden, übermittelte der Lehrer dem Schüler die Vedas nur mündlich, in Form exakter Verse, die nach genau festgelegten Mustern einer Skala aus drei Noten gesungen wurden.

Vedanta teilt uns mit, dass unser wahres Wesen göttlich ist. Das göttliche Selbst ist die Allem zugrunde liegende Wirklichkeit und zugleich die einzige Quelle all dessen, was ist. Das Ziel von Vedanta besteht darin, diese Wahrheit selbst zu erfahren. Vedanta wird um seiner immerwährenden Weisheit verehrt. Sie ist eine zeitlose Philosophie, die das Herz aller Religionen und spirituellen Lehren zum Ausdruck bringt.

Allegria

# *Das Buch, mit dem jeder sein Leben neu beginnen kann*

**DAVID SIMON**
**10 Entscheidungen für ein besseres Leben**
*Wie Sie glücklich hundert Jahre alt werden*
224 Seiten
€ [D] 18,– / € [A] 18,50/ sFr 31,60
ISBN 978-3-7934-2063-7

Im Geiste östlicher und westlicher Weisheiten und Traditionen zeigt Dr. David Simon, wie wir die Veränderungen im Leben verwirklichen können, die wir wollen und brauchen, indem wir eigenverantwortliche Entscheidungen treffen, anstatt fremdbestimmte Gebote einzuhalten. Die meisten unter uns sind mit den Zehn Geboten aufgewachsen – und leider wenden wir häufig die Philosophie des »Du sollst nicht ...« an, um zu versuchen, uns und unser Leben zu verändern. Dr. Simon ermutigt dazu, dass wir die Kraft der eigenen Entscheidung kennenlernen und anwenden, um ein Leben zu gestalten, das von mehr Frieden, Vitalität, Liebe und Sinn erfüllt ist.